Descubra Juegos Gratis Online

Disponibles Aquí:

BestActivityBooks.com/FREEGAMES

5 CONSEJOS PARA EMPEZAR

1) CÓMO RESOLVER LAS SOPA DE LETRAS

Los rompecabezas tienen un formato clásico:

- Las palabras se ocultan sin espacios ni guiones,...
- Orientación: Las palabras pueden escribirse hacia delante, hacia atrás, hacia arriba, hacia abajo o en diagonal (pueden estar invertidas).
- Las palabras pueden superponerse o cruzarse.

2) APRENDIZAJE ACTIVO

Junto a cada palabra hay un espacio para anotar la traducción. Para fomentar un aprendizaje activo, un **DICCIONARIO** al final de esta edición te permitirá comprobar y ampliar tus conocimientos. Busca y anota las traducciones, encuéntralas en el puzzle y añádelas a tu vocabulario!

3) MARCAR LAS PALABRAS

Puedes inventar tu propio sistema de marcado. ¿Quizás ya usas uno? También puedes, por ejemplo, marcar las palabras difíciles de encontrar con una cruz, las que te gustan con una estrella, las nuevas con un triángulo, las raras con un diamante, etc.

4) ESTRUCTURAR EL APRENDIZAJE

Esta edición ofrece un **CUADERNO DE NOTAS** muy práctico al final del libro. En vacaciones, de viaje o en casa, podrás organizar fácilmente tus nuevos conocimientos sin necesidad de un segundo cuaderno!

5) ¿HABÉIS TERMINADO TODAS LAS PARRILLAS?

En las últimas páginas de este libro, en la sección **DESAFÍO FINAL**, encontrarás un juego gratis!

¡Rápido y sencillo! Echa un vistazo a nuestra colección de libros de actividades para tu próximo momento de diversión y aprendizaje, ¡a sólo un clic de distancia!

Encuentre su próximo reto en:

BestActivityBooks.com/MiProximoLibro

En sus marcas, listos, ¡Ya!

¿Sabías que hay unas 7.000 lenguas diferentes en el mundo? Las palabras son preciosas.

Nos encantan los idiomas y hemos trabajado duro para crear libros de la más alta calidad para tí. ¿Nuestros ingredientes?

Una selección de temas adecuados para el aprendizaje, tres buenas porciones de entretenimiento, y luego añadimos una cucharada de palabras difíciles y una pizca de palabras raras. Los servimos con cariño y máxima diversión para que puedas resolver los mejores juegos de palabras y te diviertas aprendiendo!

Tu opinión es esencial. Puedes participar activamente en el éxito de este libro dejándonos un comentario. Nos encantaría saber qué es lo que más le ha gustado de esta edición.

Aquí hay un enlace rápido a tu página de pedidos:

BestBooksActivity.com/Opiniones50

Gracias por tu ayuda y diviértete!

Todo el equipo

1 - Ajedrez

```
Y  S  C  W  S  A  C  R  I  F  Í  C  I  O
R  J  A  L  P  P  A  S  S  I  V  O  O  Y
P  N  M  C  B  R  A  N  C  O  F  G  P  S
D  R  P  P  X  E  T  J  O  M  P  E  O  L
T  E  E  U  X  N  E  O  N  N  O  S  N  X
C  G  Ã  T  F  D  M  G  C  Q  N  T  E  R
J  R  O  R  O  E  P  O  U  O  T  R  N  T
B  A  R  H  E  R  O  F  R  Q  O  A  T  T
M  S  V  K  M  I  T  R  S  U  S  T  E  O
Y  M  I  J  O  G  A  D  O  R  U  É  T  R
Z  S  E  M  A  Q  F  L  G  F  Z  G  H  N
U  T  F  G  M  O  P  K  F  M  A  I  Z  E
P  D  Y  P  I  D  I  A  G  O  N  A  L  I
R  A  I  N  H  A  O  S  V  A  X  U  A  O
```

APRENDER
BRANCO
CAMPEÃO
CONCURSO
DIAGONAL
ESTRATÉGIA
JOGO
JOGADOR
PRETO

OPONENTE
PASSIVO
PONTOS
REGRAS
RAINHA
REI
SACRIFÍCIO
TEMPO
TORNEIO

2 - Agua

```
P O T Á V E L F Z S U Q F Y
I N C T B K A U W G M Z X B
U D D E U Q G R I O I E V H
C A X E A X O A C L D N V P
C S O O V N J C H C A N A L
S H N E T A O Ã U C D M P I
G O U V V P O V R E O O R
E V R V J R L O A M A N R R
Y E H G E D R I R F D Ç R I
S G E L O I F I N A P Ã G G
E E F Z L N R O E M Ç O Ç A
R A U J N A J O V F F Ã A Ç
C D H N N E N I E U X R O Ã
V A M R Q I N U N D A Ç Ã O
```

CANAL
CHUVEIRO
EVAPORAÇÃO
GEYSER
GEADA
GELO
UMIDADE
FURACÃO
INUNDAÇÃO
LAGO

CHUVA
MONÇÃO
NEVE
OCEANO
ONDAS
POTÁVEL
IRRIGAÇÃO
RIO
VAPOR

3 - Granja #2

```
D  C  T  G  L  H  A  M  A  D  F  O  P  V
L  O  E  R  S  A  Z  N  N  J  T  O  A  E
P  L  C  G  A  A  L  E  I  T  E  A  S  G
Y  M  M  C  G  T  N  N  M  S  G  T  E
C  E  V  A  D  A  O  Z  P  C  A  R  O  T
H  I  X  Y  Y  N  T  R  R  E  Y  I  R  A
A  A  M  A  D  U  R  O  A  L  Q  C  S  L
F  M  I  L  H  O  I  F  D  E  R  U  B  E
O  V  E  L  H  A  G  L  O  I  Z  L  T  E
G  H  K  E  Ç  O  O  Q  Y  R  N  T  F  Z
T  S  M  B  R  B  X  P  J  O  U  O  R  A
C  O  R  D  E  I  R  O  A  Z  Y  R  U  J
I  R  R  I  G  A  Ç  Ã  O  T  T  S  T  S
L  D  E  P  O  M  A  R  F  X  O  S  A  S
```

AGRICULTOR	MADURO
ANIMAIS	MILHO
CEVADA	OVELHA
COLMEIA	PASTOR
CORDEIRO	PATO
FRUTA	PRADO
CELEIRO	IRRIGAÇÃO
POMAR	TRATOR
LEITE	TRIGO
LHAMA	VEGETAL

4 - Mueble

```
P E J T T N M C Ô M O D A C
R S R X A N E A Ñ C A A W A
A P Q V P Z S C C D L L O D
T E C M E D A Q O A M M N E
E L F U T O N X L Z O O W I
L H C D E S Q R C Y F F M R
E O R O Y E L F H G A A O A
I B K S R S Q E Ã N D D M K
R A Z K O T A T O W A A H T
A N R I E A I O Y Q S D E Q
S C C W W N N N K L O Q H K
G O F A R T Z R A Y F S I B
A K F S M E X S N S Á C A W
M O G S X A P O L T R O N A
```

TAPETE
ALMOFADA
BANCO
CAMA
ALMOFADAS
COLCHÃO
CORTINAS
CÔMODA
MESA

ESPELHO
ESTANTE
PRATELEIRAS
FUTON
MACA
CADEIRA
POLTRONA
SOFÁ

5 - Pesca

```
I  V  Ç  R  V  I  G  S  F  M  I  E  G  O
Á  S  K  Z  V  Q  G  N  K  N  A  Q  I  T
G  G  C  O  Z  I  N  H  A  R  O  U  M  G
A  C  U  A  P  A  C  I  Ê  N  C  I  A  F
N  E  X  A  G  E  R  O  P  B  E  P  A  I
C  S  M  Q  D  V  S  H  R  R  L  A  G  O
H  T  D  D  E  F  F  O  A  J  N  M  F  I
O  A  O  C  E  A  N  O  I  B  P  E  U  T
R  I  O  X  Y  M  T  G  A  I  G  N  A  L
T  B  B  R  Â  N  Q  U  I  A  S  T  L  X
B  A  R  B  A  T  A  N  A  S  N  O  U  Y
M  A  N  D  Í  B  U  L  A  B  A  R  C  O
T  E  M  P  O  R  A  D  A  C  R  M  M  M
K  Z  O  G  D  F  Z  N  K  S  Y  Q  F  R
```

ÁGUA   GANCHO
BARBATANAS   LAGO
BARCO   MANDÍBULA
BRÂNQUIAS   OCEANO
FIO   PACIÊNCIA
ISCA   PESO
CESTA   PRAIA
COZINHAR   RIO
EQUIPAMENTO   TEMPORADA
EXAGERO

6 - Aviones

```
P A S S A G E I R O N C A C
A V E N T U R A S T A O T O
T R I P U L A Ç Ã O V N M M
A R C C B A L Ã O T E S O B
W C W N É V D C H D G T S U
O I D H D U N E I Q A R F S
P X A L T I T U D E R U E T
E I Ç P F Z K M R L B Ç R Í
H É L I C E S V O D L Ã A V
Ç B J O C P R F G T T O L E
B W C I T U S Z Ê B O J T L
I B A A T O E N N J K R U M
H I S T Ó R I A I E P R R S
D I R E Ç Ã O Y O Y X H A J
```

AR
ALTITUDE
ALTURA
ATMOSFERA
AVENTURA
CÉU
COMBUSTÍVEL
CONSTRUÇÃO
DIREÇÃO

BALÃO
HÉLICES
HIDROGÊNIO
HISTÓRIA
MOTOR
NAVEGAR
PASSAGEIRO
PILOTO
TRIPULAÇÃO

7 - Tipos de Cabello

```
H Y F R Y N I L W C C Z P T
D C I Ç D L O N G O A E R R
E B N T G L H L R A R L A A
T N O J B O Z H O Z E K T N
T R C I N Z A H S E C O A Ç
N H A A G K Y X S U A V E A
T W W N R J P X O J F X E D
W Ç E C Ç A M A R R O M H O
L O I R O A C P R E T O Z C
H C U R T O S O B R A N C O
Ç Q V Y O B R I L H A N T E
S A U D Á V E L X A C M H Ç
O N D U L A D O W B D S M B
C A C H O S M J S F Q O Z H
```

BRANCO	ONDULADO
BRILHANTE	PRATA
CARECA	ENCARACOLADO
CURTO	CACHOS
FINO	LOIRO
CINZA	SAUDÁVEL
GROSSO	SECO
LONGO	SUAVE
MARROM	TRANÇADO
PRETO	TRANÇAS

8 - Herramientas de Cocina

```
P Q N W E T L G U W H E P K
R O M X L S A Q Y P H P H M
K V D Y M M P L T F O G Ã O
P C H R K P C Á H Ç M I L T
T G O F B T G Z T E H Ç O E
I E M Q G A R F O U R J M R
A L S C T M K N R F L E H M
O A V O Y P F O R N O A S Ô
Z D X Y U A A P A L E N Z M
C E D W Q R C L L N R S L E
Q I D F L H A O A O U C P T
V R C O A D O R D B N X A R
G A C O L H E R O B W W Z O
E K C H A L E I R A Q W D N
```

CHALEIRA   FORNO
COADOR   RALADOR
TALHERES   GELADEIRA
COLHER   TAMPA
FACA   GARFO
ESPÁTULA   TERMÔMETRO
FOGÃO   TESOURA

9 - Ciencia Ficción

```
R E A L I S T A R V R B I M
M X L Y Q D Y V A F W B L I
K P A H Z R I N U O S R U S
C L T C I Z W S H G J Q S T
I O Ó I T B O I T O S M Ã E
N S M U N D O M L A X B O R
E Ã I K T P E A O I N H S I
M O C G C X M G Z L V T Y O
A M O H C M I I E R A R E S
P L A N E T A N F W O G O O
G A L Á X I A Á W I F B K S
M G O F U T U R I S T A Ô J
F A N T Á S T I C O D B F S
O E X T R E M O R Á C U L O
```

ATÓMICO	ILUSÃO
CINEMA	IMAGINÁRIO
DISTANTE	LIVROS
EXPLOSÃO	MISTERIOSO
EXTREMO	MUNDO
FANTÁSTICO	ORÁCULO
FOGO	PLANETA
FUTURISTA	REALISTA
GALÁXIA	ROBÔS

10 - Juguetes

```
C  T  I  G  Z  B  B  L  I  Z  C  M  B  S
A  I  M  M  K  D  I  K  R  I  A  X  N  H
M  N  A  Y  S  T  V  C  U  C  R  O  B  Ô
I  T  G  Ç  K  G  J  L  I  V  R  O  S  Z
N  A  I  A  A  V  I  Ã  O  C  O  F  F  D
H  S  N  R  R  B  G  Ç  W  Q  L  Y  W  Z
Ã  F  A  T  G  A  O  B  G  L  K  E  R  B
O  A  Ç  E  I  O  B  N  B  O  K  F  T  M
B  V  Ã  S  L  X  A  C  E  B  C  L  K  A
A  O  O  A  A  A  T  G  K  C  V  T  U  V
R  R  L  N  F  D  E  Ç  F  J  A  R  S  E
C  I  X  A  R  R  R  Y  K  U  R  Z  X  X
O  T  Z  T  S  E  I  X  D  U  A  Ç  K  F
J  O  G  O  S  Z  A  M  R  K  P  I  P  A
```

XADREZ	PIPA
ARGILA	FAVORITO
ARTESANATO	IMAGINAÇÃO
AVIÃO	JOGOS
BARCO	LIVROS
BICICLETA	BONECA
BOLA	TINTAS
CAMINHÃO	ROBÔ
CARRO	BATERIA

11 - Circo

```
E D W D U M J S Ç Z T Y B Ç
M S E R V J A M Ú S I C A F
Á J P S E X S C N V G N L E
G M Z E F J G J A W R M Õ N
I A O E T I B I W C E A E T
C L E Ã O A L X D Ç O G S R
O A B R D O C E F X U I V E
Y B T R A J E U H Y M A Q T
O A N I M A I S L E V Ç D E
A R M G A C R O B A T A P R
Ç I E L E F A N T E R X P S
D S Z E S P E C T A D O R D
M T E N D A T R U Q U E B W
P A L H A Ç O G H K T K D L
```

ACROBATA
ANIMAIS
DOCE
TENDA
DESFILE
ELEFANTE
ENTRETER
ESPETACULAR
ESPECTADOR
BALÕES

LEÃO
MAGIA
MÁGICO
MALABARISTA
MACACO
MÚSICA
PALHAÇO
TIGRE
TRAJE
TRUQUE

12 - Rellenar

```
C  J  L  V  I  E  R  B  P  B  A  C  I  A
E  F  V  L  S  N  W  G  A  O  H  Y  O  O
S  Y  N  M  C  V  S  A  C  L  V  W  J  G
T  U  B  O  A  E  I  V  O  S  D  Y  E  U
A  B  G  S  I  L  J  E  T  O  U  E  T  G
B  P  G  A  X  O  A  T  E  P  C  O  H  H
A  A  A  C  A  P  R  A  F  K  H  J  R  C
N  S  R  O  L  E  I  F  G  I  R  K  N  N
D  T  R  R  A  V  C  G  S  Ç  Ç  W  N  J
E  A  A  D  I  O  O  W  G  R  G  F  F  C
J  O  F  Q  S  L  L  N  D  Y  E  G  H  R
A  V  A  S  O  H  O  Z  J  D  Y  X  I  V
C  T  P  A  M  B  T  E  V  D  Ç  H  E  I
Y  D  J  X  M  N  S  P  M  U  D  S  A  U
```

BANDEJA	BALDE
BARRIL	BACIA
SACO	VASO
BOLSO	MALA
GARRAFA	PACOTE
CAIXA	ENVELOPE
GAVETA	JAR
PASTA	TUBO
CESTA	

13 - Granja #1

```
D C O F T W W Á G U A A C R
G A T O G K N C G K W R O Ç
A G R I C U L T U R A R R P
B N A L T Ã N G T S B O V E
C M V T Z X O X A E U Z O C
C A B E L H A J V M R F P A
E T M C A V A L O E R R I B
R J E P B V V F E N O A A R
C Ç L J O M Y V W T W N R A
A G S V U B B X I E Q G F S
F F B A F X D P Z S L O H B
O U Y C B E Z E R R O C Q K
L T G A I O E H T M T D U P
F E R T I L I Z A N T E E D
```

ABELHA
AGRICULTURA
ÁGUA
ARROZ
BURRO
CAVALO
CABRA
CAMPO
CORVO
FERTILIZANTE

GATO
FENO
MEL
CÃO
FRANGO
SEMENTES
BEZERRO
TERRA
VACA
CERCA

14 - Camping

```
L N F M R S C L X M I Á A C
K J U D C L O A W S B R V L
L A G O P P R X B L B V E A
E F F Y M N D L Q I M O N N
Q M L U A A N M I N R T T
U F O G O T P J O N A E U E
I N R X B U K A N S N S R R
P N E M Ú R A T T E I H A N
A C S A S E E D A T M K W A
M C T C S Z C A N O A S Ç Q
E O A A O A Ç C H U I A F C
N V S Ç L M R Z A S S Y K A
T B Q N A E K C H A P É U C
O W L B W J V D Q S P C V I
```

ANIMAIS
AVENTURA
ÁRVORES
FLORESTA
BÚSSOLA
CABINE
CANOA
CAÇA
CORDA
EQUIPAMENTO

FOGO
MACA
INSETO
LAGO
LANTERNA
LUA
MAPA
MONTANHA
NATUREZA
CHAPÉU

15 - Fruta

```
V Q T A X M W A C U V J K O
B P V B N N T B S E F Q I D
L A R A N J A A K T R F W H
R O G C O S T C K J A E I S
A Q Z A N X W A U K M B J J
I M Z X Q G Z T B S B I T A
E A L I M Ã O E A C O C O P
Q N E C T A R I N A E G U Ê
J G M A Ç Ã Z K A L S O V S
D A M A S C O L N B A L A S
H O A F Q F J P A T A O L E
L A M S V X M E L Ã O W N G
O Y Ã T F U Q R P Ç B I Y O
K P O W E K N A L T J I Z P
```

ABACATE	MAÇÃ
DAMASCO	PÊSSEGO
BAGA	MELÃO
CEREJA	LARANJA
COCO	NECTARINA
FRAMBOESA	MAMÃO
GOIABA	PERA
KIWI	ABACAXI
LIMÃO	BANANA
MANGA	UVA

16 - Geología

```
J A G E Y S E R V L C Z M G
C C R I S T A I S A A C I B
H Q U A R T Z O U V V Á N Y
E P W M I D A R M A E L E D
R E L Q K K U L I C R C R V
O D N A N X Z Y A Y N I A U
S R A Á T S B F S C A O I L
Ã A L C Q Ô C S O O T P S C
O F L I C A M A D A Q I W Ã
M Ó M D N T E R R E M O T O
Y S C O R A L Z L U L V U E
E S T A L A G M I T E S O K
L I X C O N T I N E N T E F
N L X J Q H U L I Ç J Z J A
```

ÁCIDO
CÁLCIO
CAMADA
CAVERNA
CONTINENTE
CORAL
CRISTAIS
QUARTZO
EROSÃO
ESTALACTITE

ESTALAGMITES
FÓSSIL
GEYSER
LAVA
PLATÔ
MINERAIS
PEDRA
SAL
TERREMOTO
VULCÃO

17 - Plantas

```
F  M  P  J  A  R  D  I  M  E  I  Q  B  F
E  E  É  Q  R  F  L  O  R  E  S  T  A  O
I  R  T  R  B  N  M  M  F  R  Q  E  M  L
J  V  A  P  U  M  N  D  G  O  O  A  B  H
Ã  A  L  W  S  J  Ç  F  L  P  L  Z  U  A
O  K  A  Z  T  H  F  L  T  A  O  H  S  G
J  A  F  V  O  R  Á  R  V  O  R  E  A  E
I  G  Z  B  S  C  T  A  U  S  F  R  I  M
S  O  B  O  T  Â  N  I  C  A  L  A  B  U
F  X  A  W  X  L  H  Z  C  S  O  D  A  S
Ç  L  Z  H  S  Y  B  E  K  A  R  F  G  G
X  D  O  B  C  J  B  Y  B  W  C  W  A  O
T  F  E  R  T  I  L  I  Z  A  N  T  E  H
C  D  J  E  A  T  M  A  L  F  V  O  O  C
```

ARBUSTO	FOLHAGEM
ÁRVORE	FEIJÃO
BAMBU	HERA
BAGA	ERVA
FLORESTA	FOLHA
BOTÂNICA	JARDIM
CACTO	MUSGO
FERTILIZANTE	PÉTALA
FLOR	RAIZ
FLORA	

18 - Suministros de Arte

```
C A D E I R A A R G I L A R
H C B J P Z E C Á L P Z R H
P R T C R D J O G W E S T A
A I L H U W E R U S G O H P
C A V A L E T E A Ç Ç Q T A
C T Ó S T Á E S C O V A S G
Â I J L B J P M E S A C C A
M V C K E S T I X Y H R A D
E I O R Ç O I U S Q C Í R O
R D L D T I N T A K E L V R
A A A H N G T N K G F I Ã A
K D U P F V A B D E Q C O V
Y E T G G S S E Ç Y M O R Ç
P A P E L H N P A S T E L S
```

ÓLEO	CRIATIVIDADE
ACRÍLICO	LÁPIS
ÁGUA	MESA
ARGILA	PAPEL
APAGADOR	PASTELS
CAVALETE	COLA
CARVÃO	TINTAS
CÂMERA	CADEIRA
ESCOVAS	TINTA
CORES	

19 - Jardín

```
J  T  H  J  T  P  Á  L  P  U  M  V  T  G
X  A  Q  J  H  H  R  I  O  M  B  A  R  A
T  N  R  Q  E  K  V  T  M  H  G  R  A  R
R  C  F  D  F  L  O  R  A  R  R  A  M  A
A  I  E  L  I  I  R  C  R  P  A  N  P  G
R  N  P  O  J  M  E  A  E  G  M  D  O  E
B  H  M  A  N  G  U  E  I  R  A  A  L  M
U  O  N  Z  O  M  P  M  F  A  C  L  I  E
S  U  N  T  Y  Q  A  L  Y  M  B  A  M  X
T  O  H  U  S  W  F  C  M  A  A  G  U  H
O  T  E  R  R  A  Ç  O  A  D  N  O  Q  V
S  O  L  O  B  A  G  Y  L  O  C  A  Ç  Y
V  I  D  E  I  R  A  G  M  O  O  Q  S  X
I  A  E  U  G  R  W  K  C  H  Z  H  G  Q
```

ARBUSTO	JARDIM
ÁRVORE	MANGUEIRA
BANCO	PÁ
GRAMADO	VARANDA
LAGOA	ANCINHO
FLOR	SOLO
GARAGEM	TERRAÇO
MACA	TRAMPOLIM
GRAMA	CERCA
POMAR	VIDEIRA

20 - Países #2

```
A  P  A  D  R  G  K  L  X  H  L  G  F  S
O  U  O  R  I  R  Ú  S  S  I  A  U  R  Í
E  F  S  P  I  N  D  O  N  É  S  I  A  R
Á  U  S  T  R  I  A  T  X  Z  Q  J  N  I
D  B  J  Q  R  Q  E  M  M  Y  G  A  Ç  A
W  O  U  A  P  Á  E  C  A  Q  K  P  A  U
F  E  F  H  M  L  L  J  H  R  S  Ã  L  C
S  U  D  Ã  O  A  U  I  P  M  C  O  B  R
R  E  T  I  Ó  P  I  A  A  É  U  A  Â  Â
G  R  É  C  I  A  Q  C  Z  X  G  K  N  N
P  O  R  T  U  G  A  L  A  I  A  A  I  I
L  Y  L  A  O  S  M  D  D  C  N  S  A  A
P  A  Q  U  I  S  T  Ã  O  O  D  F  U  D
I  R  L  A  N  D  A  X  A  J  A  E  H  T
```

ALBÂNIA
AUSTRÁLIA
ÁUSTRIA
DINAMARCA
ETIÓPIA
FRANÇA
GRÉCIA
INDONÉSIA
IRLANDA
JAMAICA

JAPÃO
LAOS
MÉXICO
PAQUISTÃO
PORTUGAL
RÚSSIA
SÍRIA
SUDÃO
UCRÂNIA
UGANDA

21 - Tecnología

```
V  Í  R  U  S  C  X  Q  G  D  N  A  A  D
P  I  N  T  E  R  N  E  T  A  B  D  S  I
M  H  R  U  H  P  B  W  S  D  Q  F  P  G
N  U  M  T  B  L  O  G  I  O  C  K  M  I
V  S  D  C  U  R  S  O  R  S  S  B  Y  T
F  F  S  V  J  A  F  B  Y  T  E  S  N  A
K  O  L  N  P  L  L  N  Z  W  G  X  A  L
W  K  N  N  W  T  X  A  R  Q  U  I  V  O
X  K  R  T  E  L  A  D  N  M  R  X  E  I
A  U  H  P  E  S  Q  U  I  S  A  N  G  R
C  Â  M  E  R  A  Z  K  I  E  N  C  A  D
M  E  N  S  A  G  E  M  G  O  Ç  O  D  Y
Q  O  G  D  C  O  M  P  U  T  A  D  O  R
S  O  F  T  W  A  R  E  L  A  N  F  R  G
```

ARQUIVO	PESQUISA
BLOG	MENSAGEM
BYTES	NAVEGADOR
CÂMERA	COMPUTADOR
CURSOR	TELA
DADOS	SEGURANÇA
DIGITAL	SOFTWARE
FONTE	VIRTUAL
INTERNET	VÍRUS

22 - Números

```
H  O  H  Y  K  X  R  U  Q  R  Q  M  Ç  W
D  E  Z  E  S  S  E  T  E  U  U  O  T  D
S  B  A  T  G  M  K  C  P  G  A  K  V  D
B  O  Ç  R  C  O  C  B  R  S  T  T  H  E
D  E  Z  E  S  S  E  I  S  Q  O  Q  R  Z
E  O  C  Z  L  P  C  P  W  Z  R  V  V  O
Z  I  Z  E  R  O  X  I  K  A  Z  O  C  I
W  U  O  E  T  T  T  N  O  V  E  D  I  T
D  E  Z  E  N  O  V  E  B  Y  T  E  N  O
O  V  E  D  Q  I  C  T  Y  S  S  C  C  T
I  I  Z  S  E  T  E  Y  F  V  Y  I  O  R
S  N  U  E  W  O  O  W  X  Y  F  M  J  Ê
R  T  P  I  O  Q  U  I  N  Z  E  A  Q  S
K  E  U  S  V  J  B  B  R  Ç  C  L  A  V
```

QUATORZE	DOZE
ZERO	DOIS
CINCO	NOVE
QUATRO	OITO
DECIMAL	QUINZE
DEZENOVE	SEIS
DEZOITO	SETE
DEZESSEIS	TREZE
DEZESSETE	TRÊS
DEZ	VINTE

23 - Mitología

```
I  A  Q  C  T  C  H  C  R  I  A  Ç  Ã  O
R  Ç  N  Z  N  I  J  M  U  F  O  R  Ç  A
W  E  U  U  F  Ú  V  O  I  L  E  N  D  A
B  M  L  W  C  M  Y  N  U  A  T  T  O  C
G  U  N  Â  J  E  O  S  J  B  D  U  A  R
C  T  N  Q  M  S  L  T  H  I  E  Z  R  I
É  R  B  Ç  S  P  O  R  G  R  S  D  D  A
U  O  E  Y  Q  B  A  O  C  I  A  Q  E  T
C  V  Z  N  G  V  T  G  V  N  S  P  H  U
B  Ã  Q  R  Ç  K  D  X  O  T  T  M  E  R
X  O  S  J  B  A  M  I  R  O  R  C  R  A
M  O  R  T  A  L  S  P  F  Ç  E  H  Ó  B
I  M  O  R  T  A  L  I  D  A  D  E  I  J
G  U  E  R  R  E  I  R  O  I  S  X  L  L
```

CIÚMES
CÉU
CRIAÇÃO
CRENÇAS
CRIATURA
CULTURA
DESASTRE
FORÇA
GUERREIRO

HERÓI
IMORTALIDADE
LABIRINTO
LENDA
MONSTRO
MORTAL
RELÂMPAGO
TROVÃO

24 - Ecología

```
R S Ç N H A B I T A T N D Q
E U P L A N T A S J F Z I W
C S Â N A T U R E Z A C V P
U T N C O M U N I D A D E S
R E T B U M A R I N H O R R
S N A V E G E T A Ç Ã O S F
O T N Y U J S C E L Ç W I A
S Á O C Q W P E A B G Z D U
Q V Z H V T É Z C N L V A N
F E X Q B D C B L A O Z D A
U L I Y R H I X I D B O E E
J X Ô R L V E W M C A G N T
Q Q A R M V S C A D L O P D
Q F I V A R I E D A D E O X
```

CLIMA	NATURAL
COMUNIDADES	NATUREZA
DIVERSIDADE	PÂNTANO
ESPÉCIES	PLANTAS
FAUNA	RECURSOS
FLORA	SECA
GLOBAL	SUSTENTÁVEL
HABITAT	VARIEDADE
MARINHO	VEGETAÇÃO

25 - Herramientas

```
P  D  F  I  T  T  G  D  N  M  V  W  L  P
W  K  A  G  B  J  R  Y  B  Q  G  F  M  A
U  S  C  O  L  A  A  T  W  Q  K  H  G  R
Ç  C  A  R  L  F  M  C  Q  P  Y  D  B  A
Y  D  Y  L  S  Z  P  Ç  P  U  Y  X  Z  F
R  Ç  T  L  R  S  E  A  V  M  O  P  Á  U
A  H  Ç  O  O  M  A  L  H  O  C  E  M  S
C  L  Ç  L  D  B  D  E  S  C  A  D  A  O
G  O  I  U  A  H  O  B  U  F  B  F  C  V
U  T  R  C  M  A  R  T  E  L  O  Ç  H  C
O  G  K  D  A  N  A  V  A  L  H  A  A  H
U  J  Y  Y  A  T  O  C  H  A  U  F  D  P
P  Q  W  L  N  H  E  G  R  A  M  P  O  G
T  E  S  O  U  R  A  M  A  E  Z  U  Y  P
```

ALICATE	MARTELO
TOCHA	MALHO
CABO	NAVALHA
FACA	PÁ
CORDA	COLA
ESCADA	RODA
GRAMPO	TESOURA
GRAMPEADOR	PARAFUSO
MACHADO	

26 - Casa

```
Q  G  J  Y  O  F  H  U  G  S  P  L  C  E
U  X  A  L  Ç  H  Q  A  Y  Ó  O  C  H  S
A  Z  N  R  M  Z  J  F  P  T  R  E  U  P
R  F  E  N  A  F  P  A  O  Ã  Ã  R  V  E
T  X  L  F  T  G  L  X  R  O  O  C  E  L
O  H  A  G  Z  B  E  K  T  D  T  A  I  H
C  O  Z  I  N  H  A  M  A  F  I  R  R  O
Y  O  A  Ç  T  E  L  H  A  D  O  M  O  A
I  P  R  T  A  P  E  T  E  G  T  F  I  J
C  H  E  T  V  A  S  S  O  U  R  A  A  G
D  G  W  B  I  B  L  I  O  T  E  C  A  B
H  G  Y  G  M  N  P  A  R  E  D  E  B  X
E  F  Z  Z  B  C  A  L  A  R  E  I  R  A
J  U  M  E  F  P  I  S  O  Z  T  D  M  A
```

TAPETE	QUARTO
SÓTÃO	JARDIM
BIBLIOTECA	PAREDE
LAREIRA	PISO
COZINHA	PORTA
CORTINAS	PORÃO
CHUVEIRO	TELHADO
VASSOURA	CERCA
ESPELHO	JANELA
GARAGEM	

27 - Artes Visuales

```
P  P  I  N  T  U  R  A  K  E  F  T  U  A
V  E  R  N  I  Z  W  C  F  S  I  W  C  R
C  A  R  T  I  S  T  A  Y  C  L  C  Q  Q
C  M  B  S  Q  Q  C  V  C  U  M  O  E  U
A  E  L  Á  P  I  S  A  E  L  E  M  S  I
K  R  R  M  F  E  T  L  R  T  U  P  T  T
K  E  G  A  S  W  C  E  Â  U  I  O  Ê  E
G  T  I  I  Q  P  A  T  M  R  K  S  N  T
N  R  Z  Ç  L  X  N  E  I  A  L  I  C  U
D  A  A  M  U  A  E  C  C  V  Q  Ç  I  R
C  T  O  C  I  P  T  W  A  L  A  Ã  L  A
F  O  T  O  G  R  A  F  I  A  A  O  A  X
O  B  R  A  P  R  I  M  A  G  Ç  R  M  M
C  R  I  A  T  I  V  I  D  A  D  E  Z  U
```

ARGILA
ARQUITETURA
ARTISTA
VERNIZ
CAVALETE
CERA
CERÂMICA
COMPOSIÇÃO
CRIATIVIDADE
ESCULTURA

FOTOGRAFIA
LÁPIS
OBRA-PRIMA
FILME
PERSPECTIVA
PINTURA
ESTÊNCIL
CANETA
RETRATO
GIZ

28 - Escuela #2

```
L E I T U R A M P C B S V T
F J P O Q Q M O R I Y O D E
L B U D M N D C O Ê X L I S
A I J O Ç L K H F N M Z C O
C B V Q Q J O I E C P L I U
A L J R B G O L S I D X O R
D I O K O Ç A S A Q E N A
Ê O G V H S A Y O C F D Á P
M T O I L I T E R A T U R A
I E S Ô N I B U S Ç C I P
C C A L E N D Á R I O A O E
O A U C R O U P A U T Ç S L
S U P R I M E N T O S Ã P I
E Ç Q L Á P I S R S M O L Y
```

ACADÊMICO
ÔNIBUS
BIBLIOTECA
CALENDÁRIO
CIÊNCIA
DICIONÁRIO
EDUCAÇÃO
JOGOS
LÁPIS

LEITURA
LIVROS
LITERATURA
MOCHILA
PAPEL
PROFESSOR
ROUPA
SUPRIMENTOS
TESOURA

29 - Selva Tropical

```
S  I  U  D  T  B  Ç  Ç  N  U  V  E  N  S
R  O  P  Á  S  S  A  R  O  S  K  O  Ç  T
E  S  B  T  U  R  E  S  P  E  I  T  O  R
F  E  M  R  E  S  T  A  U  R  A  Ç  Ã  O
Ú  L  U  J  E  F  N  A  T  U  R  E  Z  A
G  V  S  Z  A  V  V  A  L  I  O  S  O  N
I  A  G  R  K  U  I  N  S  E  T  O  S  F
O  T  O  F  J  O  O  V  C  L  I  M  A  Í
B  O  T  Â  N  I  C  O  Ê  S  Y  P  Ç  B
I  N  D  Í  G  E  N  A  T  N  M  R  V  I
E  S  P  É  C  I  E  S  S  G  C  E  P  O
D  I  V  E  R  S  I  D  A  D  E  I  E  S
M  A  M  Í  F  E  R  O  S  O  E  W  A  T
C  O  M  U  N  I  D  A  D  E  T  J  W  L
```

ANFÍBIOS
BOTÂNICO
CLIMA
COMUNIDADE
DIVERSIDADE
ESPÉCIES
INDÍGENA
INSETOS
MAMÍFEROS
MUSGO

NATUREZA
NUVENS
PÁSSAROS
REFÚGIO
RESPEITO
RESTAURAÇÃO
SELVA
SOBREVIVÊNCIA
VALIOSO

30 - Colores

```
S  É  P  I  A  C  F  Y  B  P  C  E  P  X
D  I  A  B  Z  O  U  C  A  R  I  R  U  F
V  T  A  T  U  B  C  I  N  Z  A  O  P  J
B  E  G  E  L  T  H  H  O  Y  N  N  G  I
M  V  R  T  D  E  S  H  U  I  O  V  C  Ç
A  I  M  M  P  M  I  A  Y  A  C  O  L  O
G  O  B  Z  E  L  A  R  A  N  J  A  Q  C
E  L  A  X  E  L  W  R  P  R  E  T  O  A
N  E  R  I  Y  W  H  R  R  C  S  R  R  R
T  T  W  X  S  Y  Y  O  H  O  E  O  O  M
A  A  M  A  R  E  L  O  G  M  M  X  S  E
V  E  R  D  E  N  J  M  X  Z  A  O  A  S
B  O  I  D  J  X  U  V  G  M  Q  C  X  I
S  U  D  U  C  U  R  C  L  A  M  U  M  M
```

AMARELO	MARROM
AZUL	LARANJA
BEGE	PRETO
BRANCO	ROXO
CARMESIM	VERMELHO
CIANO	ROSA
FUCHSIA	SÉPIA
CINZA	VERDE
MAGENTA	VIOLETA

31 - Adjetivos #1

```
H  A  R  O  M  Á  T  I  C  O  R  X  R  Ç
W  O  I  O  D  B  X  Y  J  O  V  E  M  O
V  P  N  G  R  A  N  D  E  N  O  R  M  E
S  E  O  E  A  P  T  K  E  S  C  U  R  O
É  S  C  N  S  M  A  B  S  O  L  U  T  O
R  A  E  E  P  T  B  K  X  C  A  F  T  M
I  D  N  R  K  E  O  I  G  S  T  N  Y  O
O  O  T  O  B  K  R  Z  C  Y  I  L  B  D
P  V  E  S  R  Q  P  F  O  I  V  D  D  E
L  U  Z  O  C  P  T  L  E  X  O  K  U  R
E  V  A  L  I  O  S  O  J  I  F  S  O  N
N  B  R  I  L  H  A  N  T  E  T  W  O  O
T  I  M  P  O  R  T  A  N  T  E  O  C  V
O  G  X  C  I  Ç  A  T  R  A  E  N  T  E
```

ABSOLUTO	IMPORTANTE
ATIVO	INOCENTE
AMBICIOSO	JOVEM
AROMÁTICO	LENTO
ATRAENTE	MODERNO
BRILHANTE	ESCURO
ENORME	PERFEITO
GENEROSO	PESADO
GRANDE	SÉRIO
HONESTO	VALIOSO

32 - Familia

```
I  N  F  Â  N  C  I  A  V  Ó  C  A  X  A
C  R  I  A  N  Ç  A  S  N  E  T  O  X  N
P  M  M  Ã  E  M  M  O  Z  C  I  A  Ç  T
M  D  A  Ã  P  O  Y  B  H  R  A  K  C  E
R  G  I  T  I  O  U  R  F  I  A  I  O  P
Q  S  B  E  E  J  J  I  B  A  U  O  P  A
Ç  V  P  H  S  R  R  N  I  N  F  A  A  S
I  R  M  Ã  O  P  N  H  E  Ç  I  R  I  S
L  Z  Y  L  B  R  O  O  X  A  E  H  M  A
C  O  Ç  M  R  I  F  S  F  I  L  H  A  D
Z  K  R  F  I  M  B  L  A  K  L  L  W  O
W  Q  N  M  N  O  M  A  R  I  D  O  X  N
B  T  Ç  H  H  A  V  Ô  G  H  Z  Q  I  A
O  W  J  L  A  A  Y  Q  S  Y  Ç  H  A  D
```

AVÓ	MATERNO
AVÔ	NETO
ANTEPASSADO	CRIANÇA
ESPOSA	CRIANÇAS
IRMÃ	PAI
IRMÃO	PRIMO
FILHA	SOBRINHA
INFÂNCIA	SOBRINHO
MÃE	TIA
MARIDO	TIO

33 - Disciplinas Científicas

```
L S O C I O L O G I A G T A
I Q C P N Q G B F I S E V S
N M U D S E A P I M U O C T
G A A Í B I U P S U O L K R
U E N Z M B C R I N H O R O
Í B A O E I K O O I G A N
S O T O C O C V L L W I E O
T T O L Â L O A O O O A T M
I Â M O N O Y M G G G O I
C N I G I G U W I I M I I A
A I A I C I B O A A K B A A
Z C I A A A E C O L O G I A
Z A M I N E R A L O G I A K
R A R Q U E O L O G I A N J
```

ANATOMIA
ARQUEOLOGIA
ASTRONOMIA
BIOLOGIA
BOTÂNICA
ECOLOGIA
FISIOLOGIA
GEOLOGIA
IMUNOLOGIA

LINGUÍSTICA
MECÂNICA
MINERALOGIA
NEUROLOGIA
PSICOLOGIA
QUÍMICA
SOCIOLOGIA
ZOOLOGIA

34 - Gatos

```
M  P  E  L  E  B  Ç  T  Q  N  I  F  S  S
G  O  E  N  G  R  A  Ç  A  D  O  I  I  E
F  Z  U  N  V  I  L  A  M  G  H  O  N  L
B  Q  T  S  X  N  E  W  F  O  P  G  D  V
Q  S  Ç  W  E  C  Q  U  P  A  T  A  E  A
F  R  B  R  R  A  A  M  N  A  Í  R  P  G
L  V  Y  W  K  L  O  U  C  O  M  R  E  E
S  H  W  Q  M  H  C  H  D  D  I  A  N  M
I  W  D  J  M  Ã  Ç  A  C  A  D  A  D  V
B  X  G  O  D  O  R  M  I  R  O  A  E  D
Q  C  U  R  I  O  S  O  D  N  Ç  Q  N  G
Z  C  A  Ç  A  D  O  R  E  A  X  B  T  H
P  E  R  S  O  N  A  L  I  D  A  D  E  K
H  E  Z  C  S  H  S  Z  B  D  X  P  X  R
```

CAÇADOR	BRINCALHÃO
CAUDA	LOUCO
CURIOSO	PATA
DORMIR	PERSONALIDADE
GARRA	PELE
ENGRAÇADO	MOUSE
FIO	SELVAGEM
INDEPENDENTE	TÍMIDO

35 - Cocina

```
P  G  A  V  E  N  T  A  L  C  O  M  E  R
A  I  U  A  Y  G  R  T  Y  O  G  F  X  E
U  M  G  A  R  F  O  S  I  N  R  O  V  C
Z  I  R  E  R  C  U  P  S  C  E  R  N  E
I  T  K  Y  L  D  I  S  R  H  L  N  D  I
N  F  A  C  A  S  A  N  S  A  H  O  T  T
H  J  A  R  R  O  O  N  C  W  A  D  E  A
O  T  E  S  P  E  C  I  A  R  I  A  S  Q
S  F  R  E  E  Z  E  R  E  P  I  C  P  Q
C  H  A  L  E  I  R  A  X  U  O  N  O  U
O  N  W  D  O  H  X  W  N  T  S  N  N  U
G  E  L  A  D  E  I  R  A  J  X  H  J  Z
B  G  T  O  H  T  I  G  E  L  A  F  A  W
I  A  M  Q  P  Y  C  O  L  H  E  R  E  S
```

CHALEIRA	JARRO
COMER	PAUZINHOS
FREEZER	GRELHA
COLHERES	RECEITA
CONCHA	GELADEIRA
FACAS	GUARDANAPO
AVENTAL	JAR
ESPECIARIAS	CUPS
ESPONJA	TIGELA
FORNO	GARFOS

36 - Escuela #1

```
C A D E I R A P G X Y I N D
A L F A B E T O A L M O Ç O
R L N M M C Y T O P L L A M
A E S A Q T K P Q R E S M A
P B S F C H A B A R Q L I R
R N E P R O F E S S O R G C
E Ú X Q O K V P U L T H O A
N M A A C S T P Z Á M A S D
D E M E S A T Q U P D Z S O
E R E D C F K A U I P C F R
R O S N L C J K S S X P L E
Q S O V I C A N E T A S C S
Q U E S T I O N Á R I O V F
W A L I V R O S G A G E V Z
```

ALFABETO
ALMOÇO
AMIGOS
APRENDER
PASTAS
MESA
QUESTIONÁRIO
EXAMES
LÁPIS

LIVROS
MARCADORES
NÚMEROS
PAPEL
CANETAS
PROFESSOR
RESPOSTAS
CADEIRA

37 - Adjetivos #2

```
S  A  U  D  Á  V  E  L  X  F  S  G  R  B
H  A  P  I  C  A  N  T  E  U  E  M  Q  K
F  N  L  C  D  E  S  C  R  I  T  I  V  O
W  A  W  G  O  P  R  O  D  U  T  I  V  O
B  T  B  Y  A  M  F  R  E  S  C  O  C  E
L  U  I  L  T  D  E  I  N  O  R  M  A  L
O  R  G  U  L  H  O  S  O  O  H  R  N  E
F  A  M  O  S  O  V  V  T  D  V  O  S  G
C  L  F  E  F  O  R  T  E  Í  N  F  A  A
D  R  A  M  Á  T  I  C  O  S  V  Z  D  N
R  E  S  P  O  N  S  Á  V  E  L  E  O  T
S  W  Z  R  T  Q  K  I  Y  C  R  E  L  E
C  R  I  A  T  I  V  O  N  O  V  O  N  P
I  N  T  E  R  E  S  S  A  N  T  E  B  Z
```

CANSADO
COMESTÍVEL
CRIATIVO
DESCRITIVO
DRAMÁTICO
ELEGANTE
FAMOSO
FRESCO
FORTE
INTERESSANTE

NATURAL
NORMAL
NOVO
ORGULHOSO
PICANTE
PRODUTIVO
RESPONSÁVEL
SALGADO
SAUDÁVEL
SECO

38 - Cuerpo Humano

```
C A B E Ç A O C U S F O U Z
O O T O A X L É N A R I Z N
R R O M C I H R F N W F E N
A E R B O A O E W G T J A V
Ç L N R T F A B Q U Q I R A
Ã H O O O J J R B E U W F R
O A Z P V F O O E D E D O O
X C E P E L E E B Y I J W S
J I L E L B C L L Q X X Q T
O V O S O S G A Í H O Y D O
B D A C P E R N A N O Q Z K
U V D O W G X A U K G K Ç K
L Z R Ç A K X M Ã O A U P J
H R P O M U P J O G C Y A M
```

QUEIXO	LÍNGUA
BOCA	MÃO
CABEÇA	NARIZ
ROSTO	OLHO
CÉREBRO	ORELHA
COTOVELO	PELE
CORAÇÃO	PERNA
PESCOÇO	JOELHO
DEDO	SANGUE
OMBRO	TORNOZELO

39 - Ciencia

```
M  F  A  T  O  B  B  T  D  A  D  M  P  R
E  O  Í  Q  U  Í  M  I  C  O  A  Ç  L  E
V  O  L  S  Z  K  Y  Ç  B  X  D  M  A  N
O  C  F  É  I  K  R  I  I  K  O  B  N  I
L  P  A  D  C  C  X  C  B  Ç  S  L  T  O
U  J  A  Ç  L  U  A  U  C  L  S  T  A  R
Ç  G  O  Q  I  Y  L  A  Y  G  J  P  S  G
Ã  V  A  G  M  O  N  A  T  U  R  E  Z  A
O  F  Y  C  A  É  F  Ó  S  S  I  L  E  N
L  A  B  O  R  A  T  Ó  R  I  O  E  I  I
L  Á  T  O  M  O  T  O  G  R  V  Ç  A  S
H  I  P  Ó  T  E  S  E  D  M  X  F  H  M
C  I  E  N  T  I  S  T  A  O  A  M  O  O
O  L  Z  T  M  I  N  E  R  A  I  S  B  T
```

ÁTOMO	LABORATÓRIO
CIENTISTA	MÉTODO
CLIMA	MINERAIS
DADOS	MOLÉCULAS
EVOLUÇÃO	NATUREZA
FÍSICA	ORGANISMO
FÓSSIL	PLANTAS
FATO	QUÍMICO
HIPÓTESE	

40 - Dinosaurios

```
P  R  P  V  E  E  S  P  É  C  I  E  S  T
R  É  R  I  N  V  M  J  Ç  A  V  P  G  E
É  P  E  C  U  O  K  E  Y  U  T  C  J  R
H  T  S  I  T  L  Z  N  N  D  A  A  X  R
I  I  A  O  Z  U  T  O  T  A  M  R  F  A
S  L  X  S  X  Ç  D  R  G  R  A  N  D  E
T  U  D  O  B  Ã  E  M  X  F  N  Í  G  P
Ó  R  Z  W  W  O  T  E  O  Ó  H  V  C  A
R  Z  H  P  O  D  E  R  O  S  O  O  S  O
I  M  A  M  U  T  E  A  S  S  E  R  Z  C
C  L  V  P  C  D  J  P  R  E  D  O  I  O
O  D  S  R  H  K  S  T  A  I  R  S  M  Z
O  Í  V  O  R  O  O  V  S  G  K  S  H
A  S  A  S  O  H  E  R  B  Í  V  O  R  O
```

ASAS
CARNÍVORO
CAUDA
ENORME
ESPÉCIES
EVOLUÇÃO
FÓSSEIS
GRANDE
HERBÍVORO
MAMUTE

ONÍVORO
PODEROSO
PRÉ-HISTÓRICO
PRESA
RAPTOR
RÉPTIL
TAMANHO
TERRA
VICIOSO

41 - Restaurante #2

```
G  E  S  P  E  C  I  A  R  I  A  S  Á  H
J  A  C  O  L  H  E  R  S  O  P  A  G  G
D  J  R  L  S  Y  C  S  K  D  E  L  U  G
E  L  A  Ç  X  B  Q  J  G  K  R  A  A  A
L  E  L  N  O  V  O  B  E  B  I  D  A  R
I  G  M  L  T  M  S  L  L  Q  T  A  A  F
C  U  O  R  M  A  F  A  O  F  I  L  D  O
I  M  Ç  M  P  F  R  J  W  A  V  T  T  H
O  E  O  O  O  W  U  E  Q  I  O  D  L  Ç
S  S  F  U  O  M  T  O  Z  U  S  Q  H  B
O  R  P  Q  V  C  A  D  E  I  R  A  R  D
P  E  I  X  E  C  E  Z  G  K  V  U  C  D
J  S  N  A  W  M  X  Ç  A  F  X  A  K  T
S  A  L  B  N  V  O  C  E  I  Ç  X  F  Z
```

ÁGUA	FRUTA
ALMOÇO	GELO
APERITIVO	OVO
BEBIDA	BOLO
GARÇOM	PEIXE
JANTAR	SAL
COLHER	CADEIRA
DELICIOSO	SOPA
SALADA	GARFO
ESPECIARIAS	LEGUMES

42 - Profesiones #1

```
B A G C I A X T F Ç P E B A
G A L S A O D A F T L D P S
Z T N A A Ç K V U R E I S T
K N X Q U Ç A B O Y M T I R
A B C R U G Q D D G B O C Ô
J O A L H E I R O T A R Ó N
Y C F X D Ó I A U R I D L O
O A C L T L T R T W X A O M
M Ú S I C O N K O W A T G O
H X T Q Z G B Z R Y D L O X
X A H L U O V G Q A O E L R
E N C A N A D O R P R T C Q
K E N F E R M E I R A A N O
P I A N I S T A Z W F H J Ç
```

ADVOGADO
ASTRÔNOMO
ATLETA
BANQUEIRO
CAÇADOR
DOUTOR
EDITOR
EMBAIXADOR

ENFERMEIRA
ENCANADOR
GEÓLOGO
JOALHEIRO
MÚSICO
PIANISTA
PSICÓLOGO

43 - Vehículos

```
Z F Q J V Ç W J K L T T S A
B A L S A M O T O R A R U M
Z A O O Ô N I B U S M A B B
H V I T F O G U E T E N M U
Y E C A R A V A N A T S A L
O K L V I W A D D J R P R Â
V K Ç I Y M L X O A Ô O I N
U X P Ã C F U R G Ã O R N C
P Y A O A Ó K X S H I T O I
C R V Y R G P N E U S E B A
E F B A R C O T Á X I G Y J
T R A T O R Q Q E Y W F H R
B I C I C L E T A R Ç F J W
C A M I N H Ã O G H O J B X
```

AMBULÂNCIA	BALSA
ÔNIBUS	FURGÃO
AVIÃO	HELICÓPTERO
JANGADA	TRANSPORTE
BARCO	METRÔ
BICICLETA	MOTOR
CAMINHÃO	PNEUS
CARAVANA	SUBMARINO
CARRO	TÁXI
FOGUETE	TRATOR

44 - Vacaciones #2

```
R  W  T  Ç  H  R  A  E  R  M  V  E  D  G
E  W  R  F  O  T  O  S  E  O  B  A  E  D
S  R  A  D  T  V  J  V  A  N  Ç  Y  S  D
E  E  N  Y  E  E  O  Q  I  T  S  B  T  L
R  S  S  Z  L  V  N  H  A  A  M  Q  I  P
V  T  P  M  A  R  H  D  I  N  G  Ç  N  R
A  A  O  C  Z  L  W  Y  A  H  T  E  O  A
S  U  R  B  E  F  E  R  I  A  D  O  M  I
V  R  T  Ç  R  I  L  H  A  S  W  A  L  A
I  A  E  R  O  P  O  R  T  O  D  T  M  D
S  N  A  E  S  T  R  A  N  G  E  I  R  O
T  T  M  A  P  A  Á  Z  A  F  Z  K  I  S
O  E  Ç  N  K  R  T  X  Y  Q  W  K  N  I
H  W  I  I  S  K  N  L  I  Ç  Q  I  H  R
```

AEROPORTO	LAZER
TENDA	PRAIA
DESTINO	RESERVAS
ESTRANGEIRO	RESTAURANTE
FOTOS	TÁXI
HOTEL	TRANSPORTE
ILHA	FERIADO
MAPA	VIAGEM
MAR	VISTO
MONTANHAS	

45 - Cumpleaños

```
C A L E N D Á R I O Q V A R
W C H K D C D C R J D W E A
B A N U Y A E S P E C I A L
X N H A L E G R E C S S A H
O Ç B M S D O M B E A Y P W
F Ã Y I U C F O O L B A R H
C O C G A S E W L E E N E G
K O T O F A L R O B D O N C
R B N S X O I J A R O S D A
X J O V E M Z N N A R L E R
M Q E G I O A I Z Ç I A R T
V E L A S T R C L Ã A B F Õ
P W H I C T E M P O F K M E
X C U Q Y C K S N K H N K S
```

ALEGRE
AMIGOS
ANO
APRENDER
CALENDÁRIO
CANÇÃO
CELEBRAÇÃO
DIA
ESPECIAL
FELIZ

CONVITES
JOVEM
NASCER
BOLO
DOM
SABEDORIA
CARTÕES
TEMPO
VELAS

46 - Baile

```
M N P O S T U R A R U O E X
E Ú Z V N R R Q R W T J M G
C N S S Q F U M T B I Z O E
L Ç S I M Y A D E K G G Ç X
Á C Y A C O A L E G R E Ã P
S L J F I A V I S U A L O R
S I C V K O Z I O F Ç N D E
I P U A C A D E M I A K E S
C O L S A L T A R E Z K T S
O U T R A D I C I O N A L I
Y Ç U P D Ç C F T E R T X V
C O R P O S E U M E L R O O
N P A R C E I R O P L Ç G D
N Y C U L T U R A L W Z X U
```

ACADEMIA   GRAÇA
ALEGRE   MOVIMENTO
ARTE   MÚSICA
CLÁSSICO   POSTURA
CORPO   RITMO
CULTURA   SALTAR
CULTURAL   PARCEIRO
EMOÇÃO   TRADICIONAL
ENSAIO   VISUAL
EXPRESSIVO

47 - Matemáticas

```
G  K  E  A  P  Q  T  V  O  L  U  M  E  Q
E  X  X  R  E  U  R  F  R  A  Ç  Ã  O  I
O  Z  P  I  R  A  I  Ç  N  D  I  W  E  L
M  N  O  T  P  D  Â  N  G  U  L  O  S  N
E  R  E  M  E  R  N  B  V  M  B  T  Z  B
T  E  N  É  A  G  D  P  B  T  B  A  P
R  T  T  T  D  D  U  I  E  S  F  E  R  A
I  Â  E  I  I  O  L  Â  R  C  W  Q  F  R
A  N  Ç  C  C  R  O  M  Í  E  I  D  L  A
P  G  E  A  U  A  Q  E  M  X  P  M  H  L
U  U  Ç  X  L  K  W  T  E  J  I  Ç  A  E
S  L  I  X  A  Z  M  R  T  R  A  I  O  L
Z  O  X  I  R  X  Y  O  R  T  X  G  J  O
E  Q  U  A  Ç  Ã  O  H  O  Z  Z  A  Y  A
```

ARITMÉTICA
ÂNGULOS
QUADRADO
DECIMAL
DIÂMETRO
EQUAÇÃO
ESFERA
EXPOENTE
FRAÇÃO

GEOMETRIA
PARALELO
PERÍMETRO
PERPENDICULAR
RAIO
RETÂNGULO
TRIÂNGULO
VOLUME

48 - Restaurante #1

```
Ç  R  A  V  Z  Ç  A  J  W  C  P  E  M  I
N  H  P  I  C  A  N  T  E  O  L  Ç  O  N
C  A  I  X  A  O  P  A  S  Z  A  D  L  G
A  N  C  D  J  I  M  L  O  I  C  Q  H  R
R  E  S  E  R  V  A  E  B  N  A  G  O  E
N  F  Y  G  U  V  E  R  R  H  F  U  T  D
E  X  L  G  N  T  R  G  E  A  M  A  Z  I
X  L  Y  G  V  U  F  I  M  H  Z  R  Ç  E
P  S  T  H  Y  M  F  A  E  F  O  D  G  N
Ã  Ç  I  U  R  O  C  R  S  O  J  A  M  T
O  C  G  Ç  V  F  A  C  A  M  E  N  U  E
F  U  E  P  L  W  F  Q  H  N  R  A  Z  S
G  Ç  L  F  T  C  É  K  T  H  G  P  H  V
I  G  A  R  Ç  O  N  E  T  E  S  O  Z  E
```

ALERGIA	PÃO
CAFÉ	PICANTE
CAIXA	PLACA
GARÇONETE	FRANGO
CARNE	SOBREMESA
COZINHA	RESERVA
COMER	MOLHO
FACA	GUARDANAPO
INGREDIENTES	TIGELA
MENU	

49 - Profesiones #2

```
P  C  J  J  A  G  B  B  V  K  H  I  H  I
D  U  R  W  A  S  W  I  M  T  X  N  R  N
E  E  Z  V  I  R  S  B  B  R  X  V  X  V
N  G  G  A  A  A  D  L  H  O  U  E  Y  E
T  C  I  R  U  R  G  I  Ã  O  G  N  D  S
I  M  R  A  S  T  R  O  N  A  U  T  A  T
S  P  É  C  J  D  Y  T  Z  E  R  O  D  I
T  I  I  D  K  D  Q  E  O  Z  I  R  M  G
A  L  U  N  I  X  M  C  Ó  V  D  R  D  A
A  O  E  D  T  C  T  Á  L  P  P  T  O  D
G  T  Z  R  M  O  O  R  O  V  E  P  R  O
G  O  A  Y  V  Y  R  I  G  V  H  Ç  R
B  I  Ó  L  O  G  O  O  O  H  K  K  P  M
E  U  S  C  S  P  R  O  F  E  S  S  O  R
```

ASTRONAUTA
BIBLIOTECÁRIO
BIÓLOGO
CIRURGIÃO
DENTISTA
INVENTOR
INVESTIGADOR

JARDINEIRO
MÉDICO
PILOTO
PINTOR
PROFESSOR
ZOÓLOGO

50 - Senderismo

```
M  Ç  C  F  P  N  A  T  U  R  E  Z  A  P
O  W  L  P  R  E  A  U  O  U  Q  G  K  A
N  V  I  C  E  I  S  N  B  O  T  A  S  Y
T  L  M  B  P  Á  L  A  I  B  L  X  Q  P
A  P  A  F  A  O  G  L  D  M  W  G  C  E
N  A  X  O  R  C  K  U  L  O  A  S  S  N
H  R  S  B  A  T  Ç  W  A  X  Q  I  B  H
A  Q  O  R  Ç  M  A  P  A  C  L  U  S  A
M  U  L  P  Ã  M  O  S  Q  U  I  T  O  S
F  E  K  E  O  S  E  L  V  A  G  E  M  C
D  S  S  D  B  G  C  U  Z  W  J  Ç  B  O
X  X  L  R  I  G  U  I  A  S  E  U  I  H
Z  S  V  A  C  A  M  P  A  M  E  N  T  O
R  N  J  S  A  G  E  C  A  N  S  A  D  O
```

PENHASCO	MONTANHA
ÁGUA	MOSQUITOS
ANIMAIS	NATUREZA
BOTAS	PARQUES
ACAMPAMENTO	PESADO
CANSADO	PEDRAS
CLIMA	PREPARAÇÃO
CUME	SELVAGEM
GUIAS	SOL
MAPA	

51 - Naturaleza

```
D  V  C  L  D  E  S  E  R  T  O  H  V  G
I  Y  I  C  J  I  A  B  R  I  G  O  D  H
N  D  U  T  V  N  B  G  S  F  X  P  G
Â  Z  O  F  A  I  T  N  E  R  O  S  Ã  O
M  L  S  K  N  L  U  E  L  L  H  H  Z  Ç
I  S  L  R  Ç  A  Á  V  E  B  H  P  Q  T
C  H  E  P  B  N  R  O  I  E  F  A  X  R
O  N  X  L  F  I  I  E  R  L  O  C  S  O
A  Á  E  R  V  M  O  I  A  E  L  Í  E  P
I  R  I  O  S  A  R  R  X  Z  H  F  R  I
Q  T  R  D  N  I  G  O  C  A  A  I  E  C
B  I  U  S  Z  S  I  E  A  Q  G  C  N  A
K  C  N  U  V  E  N  S  M  L  E  O  O  L
Ç  O  F  L  O  R  E  S  T  A  M  V  U  M
```

ABELHAS	NEVOEIRO
ANIMAIS	NUVENS
ÁRTICO	PACÍFICO
BELEZA	ABRIGO
FLORESTA	RIO
DESERTO	SELVAGEM
DINÂMICO	SANTUÁRIO
EROSÃO	SERENO
FOLHAGEM	TROPICAL
GELEIRA	VITAL

52 - Conduciendo

```
B M O T O R O B A P M G N R
B M P M Ú H F Ç C E O P Á L
G L T A H N R N I D T O D S
F L N P U G E I D E O L T T
I I P A K C I L E S C Í R R
P C A R R O O F N T I C Á A
E E V I O L S Ç T R C I F N
R N F P S R U A E E L A E S
I Ç C A M I N H Ã O E W G P
G A R A G E M M V Ç T H O O
O S E G U R A N Ç A A B Q R
R A P I D E Z P Ç U M M Y T
C O M B U S T Í V E L H T E
Q R P Z U U M S R E I V E C
```

ACIDENTE
RUA
CAMINHÃO
CARRO
COMBUSTÍVEL
FREIOS
GARAGEM
GÁS
LICENÇA
MAPA

MOTOCICLETA
MOTOR
PEDESTRE
PERIGO
POLÍCIA
SEGURANÇA
TRANSPORTE
TRÁFEGO
TÚNEL
RAPIDEZ

53 - Ballet

```
G E M Ú S I C A C B A M P I
B X L P Q E M E O A E Ú Ú N
A P L A U S O S R I N S B T
G R R R N E F O E L S C L E
Q E I Á I S N L O A A U I N
C S S N T F O G R I L C S
F S J T N I M X R I O O O I
X I P E O L C O A N L S X D
G V C W J O X A F A X V Ç A
Z O M H A B I L I D A D E D
O R Q U E S T R A G T U Y E
Y D X Ç D A N Ç A R I N O S
C O M P O S I T O R W P M A
A R T Í S T I C O Q Q T J S
```

APLAUSO
ARTÍSTICO
PÚBLICO
BAILARINA
DANÇARINOS
COMPOSITOR
COREOGRAFIA
ENSAIO
ESTILO
EXPRESSIVO

GESTO
HABILIDADE
INTENSIDADE
MÚSCULOS
MÚSICA
ORQUESTRA
PRÁTICA
RITMO
SOLO

54 - Aventura

```
I  N  C  O  M  U  M  C  N  P  A  S  E  E
I  O  C  D  Q  Z  V  H  A  E  T  E  X  N
T  V  B  E  L  E  Z  A  T  R  I  G  C  T
I  O  O  I  L  B  F  N  U  I  V  U  U  U
N  V  M  P  I  Y  Ç  C  R  G  I  R  R  S
E  I  M  R  G  O  J  E  E  O  D  A  S  I
R  A  M  I  G  O  S  C  Z  S  A  N  Ã  A
Á  G  L  D  S  I  R  C  A  O  D  Ç  O  S
R  E  D  E  S  T  I  N  O  B  E  A  B  M
I  N  L  F  G  N  A  V  E  G  A  Ç  Ã  O
O  S  U  R  P  R  E  E  N  D  E  N  T  E
J  X  T  D  I  F  I  C  U  L  D  A  D  E
B  R  A  V  U  R  A  A  Ç  M  F  X  Q  K
P  R  E  P  A  R  A  Ç  Ã  O  B  V  A  J
```

ATIVIDADE	NATUREZA
ALEGRIA	NAVEGAÇÃO
AMIGOS	NOVO
BELEZA	CHANCE
DESTINO	PERIGOSO
DIFICULDADE	PREPARAÇÃO
ENTUSIASMO	SEGURANÇA
EXCURSÃO	SURPREENDENTE
INCOMUM	BRAVURA
ITINERÁRIO	VIAGENS

55 - Pájaros

```
U  C  G  A  I  V  O  T  A  C  Ç  N  I  P
O  E  W  Z  K  N  U  X  A  P  C  Ç  Z  A
Á  G  U  I  A  F  L  A  M  I  N  G  O  P
J  O  C  O  R  V  O  V  O  D  E  Ç  P  A
Ç  N  U  W  Ç  N  C  E  G  C  J  Y  A  G
F  H  T  Q  G  G  X  S  B  T  I  V  T  A
P  A  R  D  A  L  B  T  P  U  W  S  O  I
L  E  T  P  N  R  O  R  O  C  N  X  N  O
O  C  L  W  S  Z  W  U  M  A  X  H  T  E
J  E  S  I  O  G  G  Z  B  N  B  U  V  C
M  I  K  J  C  Z  W  A  O  O  O  Ç  O  U
O  Q  H  Z  V  A  D  F  R  A  N  G  O  C
F  A  L  C  Ã  O  N  I  N  Ç  S  U  Y  O
P  I  N  G  U  I  M  O  A  U  A  W  T  K
```

AVESTRUZ	PARDAL
ÁGUIA	FALCÃO
CEGONHA	OVO
CISNE	PAPAGAIO
CUCO	POMBO
CORVO	PATO
FLAMINGO	PELICANO
GANSO	PINGUIM
GARÇA	FRANGO
GAIVOTA	TUCANO

56 - Geografía

```
H V E N R J I M M U N D O Ç
X R M K E Y H A O Z L M C C
O E A U E U G P N T P R I O
F J P T Y G J A T M A R M N
A L T I T U D E A H Í X E T
L A T I T U D E N J S A R I
T Ç L M A S G Y H V U O I N
O I L H A K R I A E L U D E
F H O Y G B Ç A T L A S I N
C I D A D E N K L O N M A T
N G N B V R N O R T E E N E
L O N G I T U D E U K S O K
H E M I S F É R I O Y E T J
F R E G I Ã O Ç Z O H W K E
```

ALTITUDE	MERIDIANO
ATLAS	MONTANHA
CIDADE	MUNDO
CONTINENTE	NORTE
HEMISFÉRIO	OESTE
ILHA	PAÍS
LATITUDE	REGIÃO
LONGITUDE	RIO
MAPA	SUL
MAR	

57 - Deportes

```
B A A O D L Ç I I H B J J T
G I T K X C G A N H A D O R
I B C L T T Q Y X P S H G E
N E E I E Z N U W P Q Ó A I
Á Q Q I C T C Y J A U Q D N
S U J M S L A C O Á E U O A
I I A Y N E E Z G R T E R D
O P M V F T B T O B E I L O
B E G O L F E O A I S A O R
W J Q K A T F U L T T V H E
G I N Á S T I C A R Á S U I
M O V I M E N T O O D I M E
C A M P E O N A T O I S I Ç
T Ê N I S N N K X Q O N X F
```

ATLETA	GANHADOR
ÁRBITRO	GINÁSTICA
BASQUETE	GINÁSIO
BEISEBOL	GOLFE
BICICLETA	HÓQUEI
CAMPEONATO	JOGO
TREINADOR	JOGADOR
EQUIPE	MOVIMENTO
ESTÁDIO	TÊNIS

58 - Actividades

```
A C A M I N H A D A F B F P
R R P B Ç K R J J R X C O I
T X T P F D Y P S O D X T N
E J R E L A X A M E N T O T
P G V S S A A K I B W I G U
H W Y C W A P R A Z E R R R
M R Z A H D N H G J C A A A
M L A Z E R Z A G O A L F J
A B X U M U U Y T G C E I I
G C E R Â M I C A O A N A D
I N T E R E S S E S E S D Z U
A A T I V I D A D E Ç O W Ç
H A B I L I D A D E L F Ç U
G J A R D I N A G E M W X C
```

ATIVIDADE   JOGOS
ARTE   LENDO
ARTESANATO   MAGIA
CACA   LAZER
CERÂMICA   PESCA
FOTOGRAFIA   PINTURA
HABILIDADE   PRAZER
INTERESSES   RELAXAMENTO
JARDINAGEM   CAMINHADA

59 - Verduras

```
E  G  B  E  R  I  N  G  E  L  A  C  E  O
X  R  E  C  O  G  U  M  E  L  O  E  S  L
B  O  V  N  C  E  N  O  U  R  A  B  P  I
S  R  W  I  G  V  R  U  Q  Ç  I  O  I  V
A  A  Ó  X  L  I  V  A  T  P  B  L  N  A
L  B  J  C  H  H  B  A  T  A  T  A  A  H
S  A  I  P  O  K  A  R  J  E  Q  V  F  Q
A  N  O  V  Ç  L  S  Z  E  E  T  H  R  I
Ç  E  A  W  F  C  I  F  T  H  V  R  E  P
O  T  O  M  A  T  E  S  A  L  A  D  A  A
P  E  P  I  N  O  N  S  A  Z  M  R  Ç  L
E  K  T  X  K  M  A  B  Ó  B  O  R  A  H
T  U  P  E  N  B  B  Q  F  L  K  J  M  O
A  L  C  A  C  H  O  F  R  A  W  X  O  W
```

ALHO	GENGIBRE
ALCACHOFRA	NABO
AIPO	OLIVA
BERINGELA	BATATA
BRÓCOLIS	PEPINO
ABÓBORA	SALSA
CEBOLA	RABANETE
SALADA	COGUMELO
ESPINAFRE	TOMATE
ERVILHA	CENOURA

60 - Instrumentos Musicales

```
U  O  R  T  P  F  X  I  I  G  M  F  S  I
I  Ç  I  V  V  I  O  L  Ã  O  A  V  T  U
P  E  R  C  U  S  S  Ã  O  N  R  I  R  O
S  P  A  N  D  E  I  R  O  G  I  O  T  B
T  R  O  M  B  O  N  E  X  O  M  L  A  A
T  S  W  Ç  G  K  Q  C  V  N  B  I  M  N
R  A  S  U  T  I  N  L  H  U  A  N  B  D
O  X  Ç  H  H  B  B  E  L  G  M  O  O  O
M  O  K  C  L  A  R  I  N  E  T  E  R  L
P  F  G  A  B  N  R  F  L  A  U  T  A  I
E  O  O  S  D  J  B  P  I  A  N  O  B  M
T  N  B  R  E  O  K  F  A  G  O  T  E  L
E  E  O  V  I  O  L  O  N  C  E  L  O  W
R  O  É  W  J  K  F  E  B  A  Y  D  H  Ç
```

GAITA	OBOÉ
HARPA	PANDEIRO
BANJO	PERCUSSÃO
CLARINETE	PIANO
FAGOTE	SAXOFONE
FLAUTA	TAMBOR
GONGO	TROMBONE
VIOLÃO	TROMPETE
BANDOLIM	VIOLINO
MARIMBA	VIOLONCELO

61 - Escalada

```
A T M O S F E R A S M C C E
W D U S B X P A D Q I A A S
W U J H B E F R J N N M P T
C U R I O S I D A D E I A A
A T E P E P B L I F Z N C B
V X S B N E F O B L I H E I
E Q T Y W C U Í T H A A T L
R F R T J I K Ç S A E D E I
N O E G G A I X J I S A N D
A R I V Y L U V A S C N D A
B Ç T B Ç I G U I A S O I D
F A O T G S C P S M R H U E
Z W A X J T E R R E N O M X
I B A B Ç A L T I T U D E H
```

ALTITUDE
ATMOSFERA
BOTAS
CAPACETE
CAVERNA
CURIOSIDADE
ESTABILIDADE
ESTREITO

ESPECIALISTA
FÍSICO
FORÇA
LUVAS
GUIAS
MAPA
CAMINHADA
TERRENO

62 - Mascotas

```
G A T I N H O H Á Z V A C A
A A L G W S F A Ç G D F O V
R Ç T A I G P M H G U L E E
R V M O C D L S G R N A L T
A G E B J Ç K T T K H G H E
S S K P F M C E A C T A O R
G J C A C H O R R O A R X I
C O A P Ã W L U R Q R T X N
Z I B A O L A F S L T O P Á
P B R G B I R A M E A C E R
M P A A W K I Z B L R A I I
I L I I N W N J Q H U U X O
Z N C O E Ç H W U O G D E D
L A D J G X O U B U A A F Y
```

ÁGUA	HAMSTER
CABRA	LAGARTO
CACHORRO	PAPAGAIO
CAUDA	CÃO
COLARINHO	PEIXE
COELHO	MOUSE
GARRAS	TARTARUGA
GATINHO	VACA
GATO	VETERINÁRIO

63 - Formas

```
Z  O  A  E  L  P  Q  P  B  C  O  N  E  C
N  F  A  L  H  T  G  R  F  D  U  V  P  U
O  J  M  I  P  D  L  I  S  B  S  B  P  R
B  K  C  P  W  V  B  S  J  K  Ç  P  O  V
P  E  X  S  M  L  X  M  H  V  H  I  L  A
F  C  O  E  B  K  K  A  C  Q  Ç  R  Í  R
H  I  P  É  R  B  O  L  E  U  R  Â  G  E
P  L  C  X  S  W  V  I  A  A  L  M  O  T
G  I  F  A  W  V  A  N  B  D  W  I  N  Â
B  N  L  H  M  Q  L  H  W  R  O  D  O  N
A  D  S  I  V  Ç  Z  A  T  A  B  E  F  G
L  R  E  S  F  E  R  A  Z  D  Q  Y  Y  U
O  O  C  C  Í  R  C  U  L  O  Z  Ç  N  L
D  Y  O  O  U  D  S  R  Q  C  A  N  T  O
```

ARCO	CANTO
CILINDRO	HIPÉRBOLE
CÍRCULO	LADO
CONE	LINHA
QUADRADO	OVAL
CUBO	PIRÂMIDE
CURVA	POLÍGONO
ELIPSE	PRISMA
ESFERA	RETÂNGULO

64 - Flores

```
D N P A P O U L A C U G A P
B E A Y J F B I H A G A D R
Y G N R G J Q L I L Í R I O
M W R T C E O Á B Ê T D D S
T J N U E I H S I N J Ê L A
L V E L F D S D S D A N P F
M A I I Ç Z E O C U S I É K
L L V P H V R L O L M A T N
G I R A S S O L E A I Y A J
D C D X N H W L Ç Ã M D L D
O R Q U Í D E A S Y O U A L
P E Ô N I A A P V T R E V O
M A G N Ó L I A H H B Y C N
S I D N R Y B U Q U Ê J C G
```

PAPOULA	MAGNÓLIA
CALÊNDULA	NARCISO
DENTE-DE-LEÃO	ORQUÍDEA
GARDÊNIA	PEÔNIA
GIRASSOL	PÉTALA
HIBISCO	BUQUÊ
JASMIM	ROSA
LAVANDA	TREVO
LILÁS	TULIPA
LÍRIO	

65 - Astronomía

```
A  C  P  E  T  T  P  O  W  F  F  O  J  A
S  O  O  Q  C  T  E  X  Q  B  O  W  R  P
T  N  B  U  O  L  Ç  R  S  U  G  Y  Ç  E
R  S  S  I  S  U  I  M  R  J  U  U  G  A
O  T  E  N  M  A  R  P  A  A  E  C  E  U
N  E  R  Ó  O  C  R  T  S  X  T  C  É  U
A  L  V  C  S  Q  Y  K  T  E  E  W  M  U
U  A  A  I  A  V  M  M  E  T  E  O  R  O
T  Ç  T  O  T  A  S  T  R  Ô  N  O  M  O
A  Ã  Ó  I  É  F  O  A  Ó  V  P  G  X  C
J  O  R  D  L  O  I  F  I  F  H  M  U  K
N  B  I  P  I  S  R  A  D  I  A  Ç  Ã  O
R  X  O  V  T  S  U  P  E  R  N  O  V  A
J  N  J  H  E  P  L  A  N  E  T  A  L  M
```

ASTERÓIDE	LUA
ASTRONAUTA	METEORO
ASTRÔNOMO	OBSERVATÓRIO
CÉU	PLANETA
FOGUETE	RADIAÇÃO
CONSTELAÇÃO	SATÉLITE
COSMOS	SUPERNOVA
ECLIPSE	TERRA
EQUINÓCIO	

66 - Tiempo

```
N A N U A L D D S N K V P S
O C X K M E I O D I A J W W
I A A M S D A N Y M F U J I
T N G L O T S T A Q U B M U
E T M O E Q H E H M T H U N
X E G L R N M P O U O S A
I S I B F A D A A V R V É C
N M Ê S M M B Á I Y O A C N
I I S E M A N A R P T B U Ç
T N W G R E L Ó G I O C L S
D U O O M O M E N T O B O O
C T M A N H Ã A N O Z O Y L
H O J E E I X C J D H P A N
D É C A D A Q C X M N T M J
```

AGORA	HOJE
ANTES	MANHÃ
ANUAL	MEIO-DIA
ANO	MÊS
ONTEM	MINUTO
CALENDÁRIO	MOMENTO
DÉCADA	NOITE
DIA	RELÓGIO
FUTURO	SEMANA
HORA	SÉCULO

67 - Paisajes

```
G E L E I R A O E M E V W F
F I O J G J W Â R V S C K R
T V Á G M C V Q M T T A C U
C A S C A T A G F I U V P C
P L I P R A I A J P Á E Â Q
Ç E S B G M Y D Ç U R R N M
T U N D R A N N E I I N T V
R V L Í Q O V C E S O A A U
B N Ç S N W C Q D V E A N L
Y N T C T S S G Ç Z R R O C
G E Y S E R U L J W I Y T Ã
I C E B E R G L A G O L X O
S E G I M F N L A G O A H Y
A M O N T A N H A O Ç Ç Y A
```

CASCATA   MAR
CAVERNA   MONTANHA
DESERTO   OÁSIS
ESTUÁRIO   PÂNTANO
GEYSER   PENÍNSULA
GELEIRA   PRAIA
ICEBERG   RIO
ILHA   TUNDRA
LAGO   VALE
LAGOA   VULCÃO

68 - Días y Meses

```
E  G  W  N  J  T  E  M  S  O  D  S  Q  S
S  C  C  F  G  V  P  B  M  U  O  E  U  E
F  E  V  E  R  E  I  R  O  T  M  G  I  T
E  U  M  C  U  H  J  J  C  U  I  U  N  E
C  C  J  A  N  E  I  R  O  B  N  N  T  M
B  A  M  M  N  C  J  M  B  R  G  D  A  B
R  L  D  T  D  A  D  U  Ê  O  O  A  F  R
T  E  R  Ç  A  B  R  I  L  S  Ç  F  E  O
X  N  J  U  N  H  O  S  L  H  O  E  I  O
N  D  S  N  O  V  E  M  B  R  O  I  R  B
S  Á  B  A  D  O  R  Ç  W  I  P  R  A  M
K  R  S  E  X  T  A  F  E  I  R  A  F  M
H  I  A  G  O  S  T  O  J  T  N  I  N  E
K  O  Q  U  A  R  T  A  F  E  I  R  A  Y
```

ABRIL
AGOSTO
ANO
CALENDÁRIO
DOMINGO
JANEIRO
FEVEREIRO
QUINTA-FEIRA
JULHO
JUNHO

SEGUNDA-FEIRA
TERÇA
MÊS
QUARTA-FEIRA
NOVEMBRO
OUTUBRO
SÁBADO
SEMANA
SETEMBRO
SEXTA-FEIRA

69 - Chocolate

```
C Q C Y V C O C O D R U Q N
O A O Ç R A F A V O R I T O
Ç M I B Ç L E R F C P Ó Q D
I E O H Ç O U B P E A T U E
S N I D Ç R E C E I T A A L
A D G Ç G I E V Q Ç B M L I
B O O R P A A X Q O R A I C
O I S E E S N Ç Ó T Y R D I
R N T X H D Y X Ú T H G A O
J S O F R A I A M C I O D S
G N Ç D X R R E H F A C E O
C A C A U O E W N Q Q R O P
G C A R A M E L O T G Y D N
A R T E S A N A L T E P D P
```

AMARGO
AROMA
ARTESANAL
AÇÚCAR
AMENDOINS
CACAU
QUALIDADE
CALORIAS
CARAMELO
COCO

DELICIOSO
DOCE
EXÓTICO
FAVORITO
GOSTO
INGREDIENTE
PÓ
RECEITA
SABOR

70 - Barbacoas

```
V  S  O  J  Q  U  E  N  T  E  S  E  S  C
U  A  Z  O  P  I  M  E  N  T  A  F  T  R
S  L  A  G  T  W  G  A  F  O  Y  V  Ç  I
F  A  X  O  C  L  Ç  S  N  P  J  E  T  A
A  D  C  S  S  M  T  S  G  Q  B  R  X  N
M  A  X  Q  J  Z  Ç  Z  R  P  H  J  L  Ç
Í  S  U  L  A  T  X  B  E  H  B  F  W  A
L  F  R  A  N  G  O  A  L  M  O  Ç  O  S
I  O  W  T  T  M  F  M  H  Z  D  O  I  S
A  M  Y  M  A  L  Ú  R  A  S  A  L  M  X
B  E  V  E  R  Ã  O  S  U  T  T  D  O  W
K  C  E  B  O  L  A  S  I  T  E  D  L  N
L  E  G  U  M  E  S  F  A  C  A  S  H  G
I  F  X  D  Q  X  Q  Q  U  M  A  R  O  W
```

ALMOÇO	MÚSICA
QUENTE	CRIANÇAS
CEBOLAS	GRELHA
JANTAR	PIMENTA
FACAS	FRANGO
SALADAS	SAL
FAMÍLIA	MOLHO
FRUTA	TOMATES
FOME	VERÃO
JOGOS	LEGUMES

71 - Ropa

```
L  P  M  X  V  M  C  O  L  A  R  H  Ç  O
P  T  H  C  Ç  A  P  I  W  P  Q  D  W  W
C  A  M  I  S  A  U  Q  N  K  J  I  J  I
P  I  J  A  M  A  L  K  G  T  Z  Q  S  Q
C  A  L  Ç  A  T  S  D  Y  W  O  O  P  U
U  Q  H  V  G  L  E  N  Ç  O  A  K  S  A
I  V  E  C  Y  B  I  A  G  O  U  Z  J  D
U  Q  Z  V  H  L  R  J  A  Q  U  E  T  A
S  X  S  E  M  A  A  D  N  C  M  S  T  V
B  L  U  S  A  E  P  A  W  A  O  A  J  E
L  U  É  T  E  T  I  É  E  S  D  P  X  N
K  V  T  I  I  G  S  A  U  A  A  A  W  T
S  A  E  D  S  A  I  A  S  C  J  T  H  A
J  S  R  O  A  T  J  J  D  O  U  O  F  L
```

CASACO	LUVAS
BLUSA	MODA
LENÇO	CALÇA
MEIAS	PIJAMA
CAMISA	PULSEIRA
JAQUETA	CHAPÉU
CINTO	SUÉTER
COLAR	VESTIDO
AVENTAL	SAPATO
SAIA	

72 - Meditación

```
N Y X G A T E N Ç Ã O Z Q I
S Y Q L P C O M P A I X Ã O
C A L M O P Q E O Z R T G O
G N S O P I H N S Ç Y F Q B
R A I V D M G T T L Õ T M S
A T L I B H C A U K G E Ú E
T U Ê M I O Y L R U L Q S R
I R N E Ç O N Z A L Q H I V
D E C N P A Z D F R A I C A
Ã Z I T U I M J A U E I A Ç
O A O O M E N T E D A Z M Ã
R E S P I R A N D O E X A O
P E N S A M E N T O S N C K
P E R S P E C T I V A L O M
```

ATENÇÃO	MÚSICA
BONDADE	NATUREZA
CALMO	OBSERVAÇÃO
CLAREZA	PAZ
COMPAIXÃO	PENSAMENTOS
EMOÇÕES	PERSPECTIVA
GRATIDÃO	POSTURA
MENTAL	RESPIRANDO
MENTE	SILÊNCIO
MOVIMENTO	

73 - Libros

```
N  R  E  L  E  V  A  N  T  E  I  G  Q  Z
A  L  I  T  E  R  Á  R  I  O  N  S  G  E
R  T  H  U  M  O  R  A  D  O  V  E  Ç  X
R  R  L  X  D  M  S  A  P  O  E  S  I  A
A  Á  F  K  I  A  F  Q  W  S  N  É  E  E
D  G  M  F  O  N  V  L  C  H  T  R  S  M
O  I  M  W  K  C  O  E  O  I  I  I  C  I
R  C  D  S  D  E  P  I  N  S  V  E  R  G
C  O  L  E  Ç  Ã  O  T  T  T  O  Q  I  A
F  O  N  Y  S  D  E  O  E  Ó  U  B  T  U
C  H  F  Z  C  V  M  R  X  R  G  R  O  T
P  Á  G  I  N  A  A  F  T  I  H  S  A  O
H  I  S  T  Ó  R  I  A  O  C  K  P  O  R
D  U  A  L  I  D  A  D  E  O  G  K  D  N
```

AUTOR	LEITOR
AVENTURA	LITERÁRIO
COLEÇÃO	NARRADOR
CONTEXTO	ROMANCE
DUALIDADE	PÁGINA
ESCRITO	RELEVANTE
HISTÓRIA	POEMA
HISTÓRICO	POESIA
HUMORADO	SÉRIE
INVENTIVO	TRÁGICO

74 - Nutrición

```
T E A D P S A U D Á V E L P
O Q Y F G C M M H L K K C R
X U Q L Ç G A S O Z S D E O
I I J U W R H A L J T R T
N L G P A P G Z Q B H K E E
A I F F E L O F A E O O A Í
T B P E S O I E M M A R L N
Q R W V Ç E Z D D I E T A A
C A R B O I D R A T O S Y S
Q D A P E T I T E D Ç K Q X
P O Y K L N U T R I E N T E
F E R M E N T A Ç Ã O I Z Z
C O M E S T Í V E L L K O Z
S A Ú D E D I G E S T Ã O U
```

AMARGO	FERMENTAÇÃO
APETITE	NUTRIENTE
QUALIDADE	PESO
CARBOIDRATOS	PROTEÍNAS
CEREAL	SABOR
COMESTÍVEL	MOLHO
DIETA	SAÚDE
DIGESTÃO	SAUDÁVEL
EQUILIBRADO	TOXINA

75 - Edificios

```
W  H  K  A  H  T  W  C  A  S  T  E  L  O
F  H  O  M  B  N  U  G  E  A  W  M  N  O
A  X  N  L  B  V  L  A  T  L  G  B  Ç  H
Z  J  F  Q  R  C  H  R  E  B  E  A  F  L
E  S  T  Á  D  I  O  A  A  E  S  I  Ç  T
N  B  O  C  R  N  T  G  T  R  C  X  R  Y
D  D  R  B  K  E  E  E  R  G  O  A  I  O
A  K  R  Q  G  M  L  M  O  U  L  D  G  A
W  D  E  V  G  A  V  B  Q  E  A  A  U  D
S  U  P  E  R  M  E  R  C  A  D  O  R  T
R  N  I  P  A  U  F  Á  B  R  I  C  A  E
G  B  N  H  O  S  P  I  T  A  L  P  W  Z
W  O  O  B  S  E  R  V  A  T  Ó  R  I  O
H  Ç  S  F  E  U  G  A  W  G  H  G  F  B
```

ALBERGUE	FAZENDA
CASTELO	HOSPITAL
CINEMA	HOTEL
EMBAIXADA	MUSEU
ESCOLA	OBSERVATÓRIO
ESTÁDIO	SUPERMERCADO
FÁBRICA	TEATRO
GARAGEM	TORRE
CELEIRO	

76 - Océano

```
T A R T A R U G A O R D H Ç
E N G U I A Z X Ç O E S K W
M K H G B A T O M A U Ç M M
A I V F K K I U R E C I F E
R L E Z M J F H B A R C O A
É B G S A H C O R A L S H I
S A O A P P O L V O R R R C
M L L L G O S L Ç S G Ã F A
E E F U D D N M H T H P O M
D I I W W N R J S R T E J A
U A N A T U M R A A V I B R
S H H P E Y J B N B H X K Ã
A P O I C A R A N G U E J O
T E M P E S T A D E H F G H
```

ALGA	ESPONJA
ENGUIA	MARÉS
RECIFE	MEDUSA
ATUM	OSTRA
BALEIA	PEIXE
BARCO	POLVO
CAMARÃO	SAL
CARANGUEJO	TUBARÃO
CORAL	TEMPESTADE
GOLFINHO	TARTARUGA

77 - Ciudad

```
E E S T Á D I O I P R Y R T
S U P E R M E R C A D O E E
C M E R C A D O C L P J S A
O L O J A E E W M H A E T T
L P Í U P Y J B U M D B A R
A Ç H N F B O B S C A A U O
F L O R I S T A E I R E R A
I J T L A C A N U N I R A J
L L E R S Ç A C J E A O N X
D F L L P F S O B M S P T F
L F A R M Á C I A A T O E G
B R O A C N L I V R A R I A
B I B L I O T E C A Ç T A K
G A L E R I A V Q V E O E N
```

AEROPORTO
BANCO
BIBLIOTECA
CINEMA
CLÍNICA
ESCOLA
ESTÁDIO
FARMÁCIA
FLORISTA
GALERIA

HOTEL
LIVRARIA
MERCADO
MUSEU
PADARIA
RESTAURANTE
SUPERMERCADO
TEATRO
LOJA

78 - Conservación

```
V O L U N T Á R I O G A C N
D N H N Y Ç Z K C V M E L A
Y W Ç E F X Q V T K Q S I T
W Á Y Ç O I B B E R V U M U
O R G Â N I C O P R R S A R
K K L U S A Ú D E H D T M A
R L L U A D G Ç S A V E B L
E D U C A Ç Ã O T B A N I R
P O L U I Ç Ã O I I L T E E
C I C L O G X H C T V Á N D
V Ç U X J T P L I A H V T U
Q J O B V B A Q D T M E A Z
A L R E C I C L A R I L L I
E C O S S I S T E M A F P R
```

ÁGUA	ORGÂNICO
AMBIENTAL	PESTICIDA
CICLO	RECICLAR
CLIMA	REDUZIR
POLUIÇÃO	SAÚDE
ECOSSISTEMA	SUSTENTÁVEL
EDUCAÇÃO	VERDE
HABITAT	VOLUNTÁRIO
NATURAL	

79 - Exploración

```
C  I  M  Z  L  S  E  L  V  A  G  E  M  G
K  H  H  F  Í  N  X  E  S  P  A  Ç  O  Q
N  O  V  O  N  L  C  O  R  A  G  E  M  K
A  E  V  B  G  D  I  S  T  A  N  T  E  U
P  X  I  Y  U  A  T  I  V  I  D  A  D  E
R  A  A  A  A  O  A  T  A  C  M  S  W  F
E  U  G  D  Ç  K  Ç  N  E  S  L  F  L  S
N  S  E  D  G  A  Ã  M  I  R  Q  P  P  D
D  T  M  B  T  N  O  J  R  M  R  B  E  R
E  Ã  B  U  S  C  A  S  M  S  A  E  A  P
R  O  K  C  U  L  T  U  R  A  S  I  N  W
D  E  S  C  O  N  H  E  C  I  D  O  S  O
D  E  T  E  R  M  I  N  A  Ç  Ã  O  U  D
D  E  S  C  O  B  E  R  T  A  Ç  S  I  A
```

ATIVIDADE	DETERMINAÇÃO
EXAUSTÃO	DISTANTE
ANIMAIS	EXCITAÇÃO
APRENDER	ESPAÇO
BUSCA	LÍNGUA
CORAGEM	NOVO
CULTURAS	SELVAGEM
DESCONHECIDO	TERRENO
DESCOBERTA	VIAGEM

80 - Campeonato

```
E  C  T  M  Y  K  M  J  G  N  W  R  A  E
Q  A  O  X  V  J  T  U  Z  N  M  A  Z  S
U  M  R  N  M  O  T  I  V  A  Ç  Ã  O  T
I  P  N  S  D  E  F  Z  Y  C  F  S  I  R
P  E  E  R  E  S  I  S  T  Ê  N  C  I  A
E  Ã  I  U  S  P  N  R  R  X  M  A  V  T
L  O  O  F  E  O  A  A  E  A  E  M  I  É
T  I  X  N  M  R  L  U  I  Z  D  P  T  G
L  Z  G  X  P  T  I  D  N  P  A  E  Ó  I
J  W  B  A  E  E  S  M  A  G  L  O  R  A
D  O  G  M  N  S  T  O  D  F  H  N  I  Ç
I  J  G  H  H  D  A  A  O  C  A  A  A  O
D  Q  W  O  O  I  Z  Y  R  X  I  T  F  Z
Y  Z  B  N  S  W  E  C  T  R  Ç  O  K  W
```

CAMPEONATO	JUIZ
CAMPEÃO	LIGA
ESPORTES	MEDALHA
TREINADOR	MOTIVAÇÃO
EQUIPE	DESEMPENHO
ESTRATÉGIA	RESISTÊNCIA
FINALISTA	TORNEIO
JOGOS	VITÓRIA

81 - Actividades y Ocio

```
C  N  A  T  A  Ç  Ã  O  H  P  N  H  D  S
A  S  C  F  R  K  E  J  O  I  E  Z  B  G
M  U  A  S  T  Q  G  A  B  N  G  S  I  H
I  R  M  H  J  Ê  M  R  B  T  D  O  C  V
N  F  P  A  Ç  P  N  D  I  U  J  S  N  A
H  E  A  K  R  D  Z  I  E  R  I  A  S  L
A  G  M  Q  F  T  J  N  S  A  D  Y  D  L
D  T  E  Z  R  Y  E  A  V  I  A  G  E  M
A  Ç  N  B  O  X  E  G  O  L  F  E  E  F
E  P  T  N  K  S  M  E  R  G  U  L  H  O
K  Ç  O  Z  E  D  W  M  G  M  S  V  Ç  Ç
B  A  S  Q  U  E  T  E  N  D  Y  E  Q  T
O  P  C  O  R  R  I  D  A  Y  K  I  X  Q
B  E  I  S  E  B  O  L  G  A  V  E  Y  O
```

HOBBIES
ARTE
BASQUETE
BEISEBOL
BOXE
MERGULHO
ACAMPAMENTO
CORRIDA
GOLFE

JARDINAGEM
NATAÇÃO
PESCA
PINTURA
CAMINHADA
SURFE
TÊNIS
VIAGEM

82 - Comida #1

```
B O W P M X M Z O K Ç H A P
S A L E S P I N A F R E J S
N U T R M A N J E R I C Ã O
A B C A E L E I T E F A C P
B Ç D O N P D U M J Q N E A
O J W Z T L I M Ã O D E N M
M Y Q Y A S C C I X L O E
C E V A D A E Y E A B A U A
P V E H A L H O Y B R Q R Ç
Q A E N E A A T U M O N A Ú
J W Y V I D N R C N Y L E C
E H E Z V A N P Y A J M A A
M O R A N G O D Ç Q J I K R
W Z T Z K W T R Y Y V A L X
```

ALHO	MORANGO
MANJERICÃO	SUCO
ATUM	LEITE
AÇÚCAR	LIMÃO
CANELA	MENTA
CARNE	NABO
CEVADA	PERA
CEBOLA	SAL
SALADA	SOPA
ESPINAFRE	CENOURA

83 - Virtudes #1

```
A  B  T  R  A  K  H  W  D  T  F  S  P  E
Z  K  V  V  P  R  Á  T  I  C  O  Á  G  N
H  T  R  Y  Q  L  T  H  F  I  I  B  V  C
X  K  D  Y  N  R  K  Í  H  U  B  I  G  A
D  E  C  I  S  I  V  O  S  S  E  O  E  N
L  P  C  E  N  C  L  I  L  T  F  P  N  T
E  N  G  R  A  Ç  A  D  O  E  I  S  E  A
A  P  A  I  X  O  N  A  D  O  C  C  R  D
P  A  C  I  E  N  T  E  L  Ú  I  U  O  O
H  T  M  R  I  J  E  P  I  T  E  R  S  R
B  O  M  P  B  Ç  V  E  M  I  N  I  O  Q
F  Y  C  A  L  R  F  V  P  L  T  O  J  V
U  H  I  O  M  Y  H  M  O  D  E  S  T  O
I  N  T  E  L  I  G  E  N  T  E  O  B  J
```

APAIXONADO	ENGRAÇADO
ARTÍSTICO	INTELIGENTE
BOM	LIMPO
CURIOSO	MODESTO
DECISIVO	PACIENTE
EFICIENTE	PRÁTICO
ENCANTADOR	SÁBIO
GENEROSO	ÚTIL

84 - Literatura

```
C M G C G B A V T D U Q R N
O E T E M A I C R E W V O A
M T Z U T K Z O A S L Z M R
P Á L I A A P N G C Ç Q A R
A F I C Ç Ã O C É R M V N A
R O R R C L E D I A Z C D
A R I M A R M U I Ç Q F E O
Ç A T J A G A S A Ã J C I R
Ã N M I U Q E Ã W O M Q J A
O P O É T I C O G R X K G Ç
A N A L O G I A N E D O T A
Q F O P R D I Á L O G O Ç V
A N Á L I S E S T I L O H U
K L G Q C E Ç M V I Ç U P N
```

ANALOGIA
ANÁLISE
ANEDOTA
AUTOR
BIOGRAFIA
COMPARAÇÃO
CONCLUSÃO
DESCRIÇÃO
DIÁLOGO
ESTILO

FICÇÃO
METÁFORA
NARRADOR
ROMANCE
POEMA
POÉTICO
RIMA
RITMO
TEMA
TRAGÉDIA

85 - Baño

```
Y  I  E  T  W  P  B  K  L  U  Y  U  R  B
V  F  K  O  H  D  Z  A  R  M  P  B  I  O
Z  B  S  R  C  T  N  C  N  Z  C  M  P  L
B  M  R  N  B  A  N  H  O  H  W  O  E  H
S  T  P  E  R  F  U  M  E  I  E  B  Q  A
C  P  O  I  B  H  P  D  O  M  D  I  M  S
L  H  F  R  Q  O  O  N  T  Q  I  L  R  P
O  Ç  U  A  T  E  S  O  U  R  A  V  B  O
Ç  X  W  V  Á  G  U  A  V  A  P  O  R  T
Ã  H  A  C  E  S  P  E  L  H  O  M  P  A
O  E  U  M  M  I  E  S  P  O  N  J  A  P
U  M  X  Ç  P  V  R  S  A  B  Ã  O  O  E
O  T  I  M  K  U  T  O  A  L  H  A  V  T
A  I  O  A  S  T  D  H  K  G  Ç  O  E  E
```

ÁGUA	ESPONJA
TAPETE	TORNEIRA
BANHEIRO	SABÃO
BANHO	LOÇÃO
BOLHAS	PERFUME
XAMPU	TESOURA
CHUVEIRO	TOALHA
ESPELHO	VAPOR

86 - Clima

```
B F M R T U C S E C O B J F
R T O E A E O É M I B E O U
I E N L T P M N U V E M W R
S M Ç Â M R N P O L A R W A
A P Ã M O M O K E F F N I C
S E O P S W D V G S I S N Ã
E R T A F D H Y Ã N T F U O
C A Ç G E G E L O O R A N R
A T T O R N A D O C O F D J
C U E L A T I Q L L P K A E
T R Y V E N T O C I I M Ç Y
E A R U A C W Q M M C D Ã G
N E V O E I R O P A A S O E
H I L L Q Q V F Z T L L U Z
```

ATMOSFERA
BRISA
CÉU
CLIMA
GELO
FURACÃO
INUNDAÇÃO
MONÇÃO
NEVOEIRO
NUVEM

POLAR
RELÂMPAGO
SECO
SECA
TEMPERATURA
TEMPESTADE
TORNADO
TROPICAL
TROVÃO
VENTO

87 - Comida #2

```
V U C O G A G T C H O T S M
V P P U E M Y I E B G S J P
I Q Ã G N Ê H T R I G O J Z
F G U O G N G Q E A I P O G
E V S W I D Z B J M S Ç L Ç
Q X U M B O J M A Ç Ã S H Z
Z U V F R A N G O E J W O A
Q V E K E O V O U S I Z B L
U A P I O G U R T E A H A L
Z Z K W J A R R O Z D E N I
V F C I I O T O M A T E A B
C H O C O L A T E J I W N N
Y B E R I N G E L A T T A K
A L C A C H O F R A G R M Z
```

ALCACHOFRA
AMÊNDOA
AIPO
ARROZ
BERINGELA
CEREJA
CHOCOLATE
GIRASSOL
OVO
GENGIBRE

KIWI
MAÇÃ
PÃO
BANANA
FRANGO
QUEIJO
TOMATE
TRIGO
UVA
IOGURTE

88 - Castillos

```
P C Z C W O Z Y W E H P E D
R A R M A D U R A S R A S R
Í T R U Q V L U R P U L C A
N A F E U D A L X A N Á U G
C P W N D E R L A D I C D Ã
I U I O H E E E A C I O O
P L M B S H I I D I Ó O B C
E T P R U C N X I Z R I Q A
B A É E A S O B N J N O Z V
F O R T A L E Z A H I K L A
I F I L M I E D S G O R H L
Y H O M A N B A T O R R E O
G I H R D E P R I N C E S A
J J W Q W Q Q V A C O R O A
```

ARMADURA
CAVALEIRO
CAVALO
CATAPULTA
COROA
DINASTIA
DRAGÃO
ESCUDO
ESPADA
FEUDAL

FORTALEZA
IMPÉRIO
NOBRE
PALÁCIO
PAREDE
PRINCESA
PRÍNCIPE
REINO
TORRE
UNICÓRNIO

89 - Arte

```
E Z C O M P O S I Ç Ã O B Q
D N S U J E I T O M Y B Q I
R E T R A T A R G O A X F R
I S U R R E A L I S M O V B
C N W A P P O E S I A S V P
P E S N F T L H O N E S T O
F E R P N B S U E H R C P C
I C S Â I S I M P L E S I O
G R I S M R B O U V R Í N M
U I O A O I A R U I E M T P
R A U M C A C D J S H B U L
A R V S D H L A O U T O R E
E X P R E S S Ã O A U L A X
O R I G I N A L W L V O S O
```

CERÂMICA
COMPLEXO
COMPOSIÇÃO
CRIAR
EXPRESSÃO
FIGURA
HONESTO
HUMOR
INSPIRADO
ORIGINAL

PESSOAL
PINTURAS
POESIA
RETRATAR
SIMPLES
SÍMBOLO
SURREALISMO
SUJEITO
VISUAL

90 - Herbostería

```
S  I  E  Ç  F  L  O  R  S  A  L  S  A  U
T  A  L  H  O  A  F  A  R  D  D  Y  J  N
B  U  B  S  O  V  U  W  B  E  N  D  R  O
E  O  M  O  M  A  N  J  E  R  O  N  A  G
Q  S  S  P  R  N  C  P  J  C  A  M  Ç  V
W  U  T  B  G  D  H  L  A  U  R  A  A  I
K  G  A  R  C  A  O  A  R  L  O  N  F  M
Z  V  L  L  A  C  D  N  D  I  M  J  R  E
K  B  E  V  I  G  X  T  I  N  Á  E  Ã  N
I  T  C  D  P  D  Ã  A  M  Á  T  R  O  T
V  E  R  D  E  J  A  O  G  R  I  I  R  A
B  M  I  F  O  J  C  D  P  I  C  C  R  T
J  Q  M  N  B  E  O  P  E  O  O  Ã  E  J
I  N  G  R  E  D  I  E  N  T  E  O  F  W
```

ALHO   INGREDIENTE
MANJERICÃO   JARDIM
AROMÁTICO   LAVANDA
AÇAFRÃO   MANJERONA
QUALIDADE   MENTA
CULINÁRIO   SALSA
ENDRO   PLANTA
ESTRAGÃO   ALECRIM
FLOR   SABOR
FUNCHO   VERDE

91 - Verano

```
M  P  Q  S  A  N  D  Á  L  I  A  S  L  A
A  L  W  K  E  L  J  O  G  O  S  S  I  A
R  Y  P  Ç  S  G  A  A  X  C  T  I  V  R
Q  K  P  P  T  F  R  Z  K  I  O  A  R  I
N  R  M  R  R  X  D  D  E  D  R  C  O  F
A  J  O  A  E  I  I  D  O  R  C  A  S  A
M  M  D  I  L  L  M  R  R  C  Ç  M  Q  M
A  E  I  A  A  Q  Ú  G  G  R  X  P  Z  Í
L  Ç  R  G  S  K  S  G  C  S  W  A  K  L
E  I  X  G  O  V  I  A  G  E  M  M  J  I
G  V  F  E  U  S  C  V  N  D  L  E  R  A
R  V  Q  R  E  L  A  X  A  M  E  N  T  O
I  Z  C  R  S  Q  H  S  R  E  S  T  L  F
A  Y  L  I  Z  C  X  O  P  B  D  O  C  P
```

ALEGRIA
AMIGOS
MERGULHO
ACAMPAMENTO
ESTRELAS
FAMÍLIA
CASA
JARDIM
JOGOS

LIVROS
MAR
MÚSICA
LAZER
PRAIA
RELAXAMENTO
SANDÁLIAS
VIAGEM

92 - Insectos

```
G  H  C  E  V  C  I  G  A  R  R  A  Q  J
S  Q  U  R  L  E  C  X  B  V  Ç  Y  B  N
U  X  P  G  N  N  S  L  F  Ç  A  U  A  M
M  L  I  W  Ç  O  Ç  P  O  X  Ç  C  P  A
O  I  M  G  E  N  J  J  A  X  G  G  U  R
S  B  N  O  D  F  O  R  M  I  G  A  L  I
Q  É  J  H  M  O  Z  X  Y  B  I  F  G  P
U  L  O  B  O  R  B  O  L  E  T  A  A  O
I  U  A  P  U  C  N  Q  A  S  C  N  D  S
T  L  N  L  U  O  A  S  B  O  B  H  S  A
O  A  I  K  Q  L  P  L  P  U  Y  O  F  E
V  O  N  E  T  J  G  B  A  R  A  T  A  F
I  J  H  C  H  A  C  Ã  K  O  R  O  H  V
S  X  A  B  E  L  H  A  O  L  A  R  V  A
```

ABELHA	LIBÉLULA
VESPA	BORBOLETA
PULGÃO	JOANINHA
CIGARRA	MOSQUITO
BARATA	MARIPOSA
BESOURO	PULGA
MINHOCA	GAFANHOTO
FORMIGA	CUPIM
LARVA	

93 - Especias

```
P  Á  P  R  I  C  A  Q  X  J  K  Y  P  Ç
C  E  B  O  L  A  F  T  U  Ç  H  Z  I  W
M  A  V  G  E  N  G  I  B  R  E  U  M  O
J  K  R  K  S  E  P  S  K  K  R  A  E  G
A  L  U  I  A  L  C  A  Ç  U  Z  L  N  S
Ç  K  F  S  L  A  U  B  C  J  O  H  T  O
A  C  O  M  I  N  H  O  I  R  A  O  A  A
F  G  K  P  A  M  A  R  G  O  A  D  H  N
R  P  Q  B  A  U  N  I  L  H  A  V  J  I
Ã  S  C  Y  R  Y  C  B  S  K  Z  Y  O  S
O  K  Q  D  P  S  X  C  I  K  E  Y  K  V
N  O  Z  M  O  S  C  A  D  A  D  Ç  Q  T
U  F  H  G  D  O  C  E  X  H  O  H  T  Q
I  E  F  I  K  S  F  U  N  C  H  O  Z  D
```

AZEDO
ALHO
AMARGO
ANIS
AÇAFRÃO
CANELA
CEBOLA
CRAVO
COMINHO
CARIL

DOCE
FUNCHO
GENGIBRE
NOZ-MOSCADA
PÁPRICA
PIMENTA
ALCAÇUZ
SABOR
SAL
BAUNILHA

94 - Emociones

```
E  A  S  C  S  A  T  I  S  F  E  I  T  O
N  L  X  I  O  M  E  D  O  W  W  R  E  F
V  E  N  I  M  N  Y  E  B  E  X  E  R  V
E  G  Z  Ç  A  P  T  U  E  B  S  L  N  K
R  R  P  N  F  A  A  E  S  O  M  A  U  S
G  I  U  F  C  Z  Q  T  Ú  N  O  X  R  E
O  A  W  Ç  G  C  N  G  I  D  T  A  A  W
N  M  V  E  R  A  I  V  A  A  O  D  N  F
H  O  P  A  A  L  N  T  É  D  I  O  R  A
A  R  C  C  T  M  W  I  Z  E  Y  B  N  U
D  Ç  M  A  O  O  N  G  M  C  H  P  U  P
O  R  T  R  I  S  T  E  Z  A  Y  Q  G  P
W  T  R  A  N  Q  U  I  L  I  D  A  D  E
Y  X  I  N  G  J  T  F  V  C  M  O  L  B
```

TÉDIO	RAIVA
GRATO	MEDO
ALEGRIA	PAZ
AMOR	RELAXADO
ENVERGONHADO	SATISFEITO
BONDADE	SIMPATIA
CALMO	TERNURA
CONTEÚDO	TRANQUILIDADE
ANIMADO	TRISTEZA

95 - Mediciones

```
B C O M P R I M E N T O S J
P R O F U N D I D A D E U G
M I N U T O R R S G R A U V
C V Ç F R O P O L E G A D A
E O N Ç A M N H G R A M A V
N L L I P P E E M A S S A R
T U A B Y T E T L L I T R O
Í M R Ç Y F Q G R A Q B M D
M E G H L O H P J O D M J E
E Q U I L Ô M E T R O A Y C
T P R Y A W R S I Ç M B R I
R C A A W I W O W N Y P E M
O Q U I L O G R A M A V K A
W Z W N F Y D A L T U R A L
```

ALTURA	COMPRIMENTO
LARGURA	MASSA
BYTE	METRO
CENTÍMETRO	MINUTO
DECIMAL	ONÇA
GRAU	PESO
GRAMA	PROFUNDIDADE
QUILOGRAMA	POLEGADA
QUILÔMETRO	TONELADA
LITRO	VOLUME

96 - Barcos

```
B C N G N M A R É Ç Â O Z
L A W F H A A X N M I N V I
K I L Q W R A R I O S C D O
S A Ç S L A G O Í P R O M C
E Q V M A S T R O T W R H E
H U N Á U T I C O S I A F A
V E L E I R O O J G A M M N
M A R I N H E I R O T U O O
T R I P U L A Ç Ã O E B T S
Y G I P E G C C A N O A O X
B M Q G Ç K A B O L B Y R E
Ó Y O C F B A V B R S U S L
I E T O A K T E M Z D D Ç K
A M P D U Ç K J A N G A D A
```

ÂNCORA	MARINHEIRO
JANGADA	MARÍTIMO
BÓIA	MASTRO
CANOA	MOTOR
CORDA	NÁUTICO
BALSA	OCEANO
CAIAQUE	RIO
LAGO	TRIPULAÇÃO
MAR	VELEIRO
MARÉ	IATE

97 - Antártida

```
G U C P I V H I V X G R T J
E H O I N K C L A C E O E O
O P N N V I H H Y Ç L C M P
G Á T G E N Y A W K E H P P
R S I U S X U S A H I O E E
A S N I T M P V B Ç R S R N
F A E N I R I E E B A O A Í
I R N S G B I N D N S D T N
A O T R A A P Ç E I S O U S
F S E D D Í I U D R Ç P R U
J A N T O A K Á G U A Ã A L
Y M I G R A Ç Ã O L B I O A
C O N S E R V A Ç Ã O T S C
C I E N T Í F I C O G E L O
```

ÁGUA
BAÍA
CIENTÍFICO
CONSERVAÇÃO
CONTINENTE
EXPEDIÇÃO
GEOGRAFIA
GELEIRAS
GELO
INVESTIGADOR

ILHAS
MIGRAÇÃO
MINERAIS
NUVENS
PÁSSAROS
PENÍNSULA
PINGUINS
ROCHOSO
TEMPERATURA

98 - Piratas

```
M  C  X  S  B  R  U  M  O  H  E  U  Q  N
A  A  P  J  L  Ú  V  S  Z  A  S  L  G  W
U  P  P  Z  C  O  S  Y  F  D  P  S  Ç  Y
Q  I  R  A  A  Ç  H  S  Y  S  A  Q  U  D
U  T  A  X  V  Q  O  M  O  E  D  A  S  T
K  Ã  I  A  E  U  C  H  N  L  A  H  C  R
P  O  A  P  R  L  E  N  D  A  A  X  E  I
E  A  V  E  N  T  U  R  A  M  P  P  R  P
T  N  P  B  A  N  D  E  I  R  A  E  H  U
H  A  Q  A  Z  B  T  E  S  O  U  R  O  L
O  Z  P  T  G  C  I  C  A  T  R  I  Z  A
J  R  N  K  C  A  O  U  R  O  G  G  E  Ç
K  H  Z  U  V  X  I  L  H  A  Q  O  C  Ã
H  I  M  R  Â  N  C  O  R  A  Z  E  L  O
```

ÂNCORA	PAPAGAIO
AVENTURA	MAU
BANDEIRA	MAPA
BÚSSOLA	MOEDAS
CAPITÃO	OURO
CICATRIZ	PERIGO
CAVERNA	PRAIA
ESPADA	RUM
ILHA	TESOURO
LENDA	TRIPULAÇÃO

99 - Mamíferos

```
E  L  E  F  A  N  T  E  E  H  F  V  T  O
S  P  H  N  B  N  Q  J  Ç  Z  B  Q  A  V
Y  T  J  G  L  A  M  Ç  W  P  E  W  F  E
B  U  R  R  O  O  L  Q  Ç  W  S  B  X  L
C  A  M  E  L  O  B  E  N  L  O  Ç  R  H
C  W  Y  W  O  X  C  O  I  O  T  E  T  A
Ã  M  C  A  N  G  U  R  U  A  Ç  Y  O  R
O  A  L  O  Q  Z  G  O  R  I  L  A  U  A
Q  C  V  V  Y  C  I  N  S  M  D  B  R  P
C  A  V  A  L  O  R  S  O  U  F  G  O  O
R  C  E  M  H  E  A  B  U  B  S  A  S  S
V  O  V  P  Y  L  F  A  I  Z  X  T  V  A
P  A  Ç  L  E  H  A  W  U  N  K  O  E  S
D  G  Q  X  G  O  L  F  I  N  H  O  V  S
```

BALEIA	GATO
BURRO	GORILA
CAVALO	GIRAFA
CAMELO	LOBO
CANGURU	MACACO
ZEBRA	URSO
COELHO	OVELHA
COIOTE	CÃO
GOLFINHO	TOURO
ELEFANTE	RAPOSA

100 - Abejas

```
F L O R E S T B S G S R C Z
C N B E N É F I C O O Y E U
I O O U X I U N X N L U R K
F G L V A R M S P A I G A M
O A A M M D A E P Ó J V S W
F L O R E O Ç T D R L L A K
L P J E Ç I A O R R G E S O
N L F K F J A R D I M M N B
L A Y A R E Q A A U W P E T
Z N N B U R S I C X Z H K L
M T Y P T T W N K J Z A W T
M A T N A B J H A B I T A T
I S U S V Z S A H O W B H A
D I V E R S I D A D E W O J
```

ASAS
BENÉFICO
CERA
COLMEIA
DIVERSIDADE
ENXAME
FLOR
FLORES
FRUTA

HABITAT
FUMAÇA
INSETO
JARDIM
MEL
PLANTAS
PÓLEN
RAINHA
SOL

1 - Ajedrez

2 - Agua

3 - Granja #2

4 - Mueble

5 - Pesca

6 - Aviones

7 - Tipos de Cabello

8 - Herramientas de Cocina

9 - Ciencia Ficción

10 - Juguetes

11 - Circo

12 - Rellenar

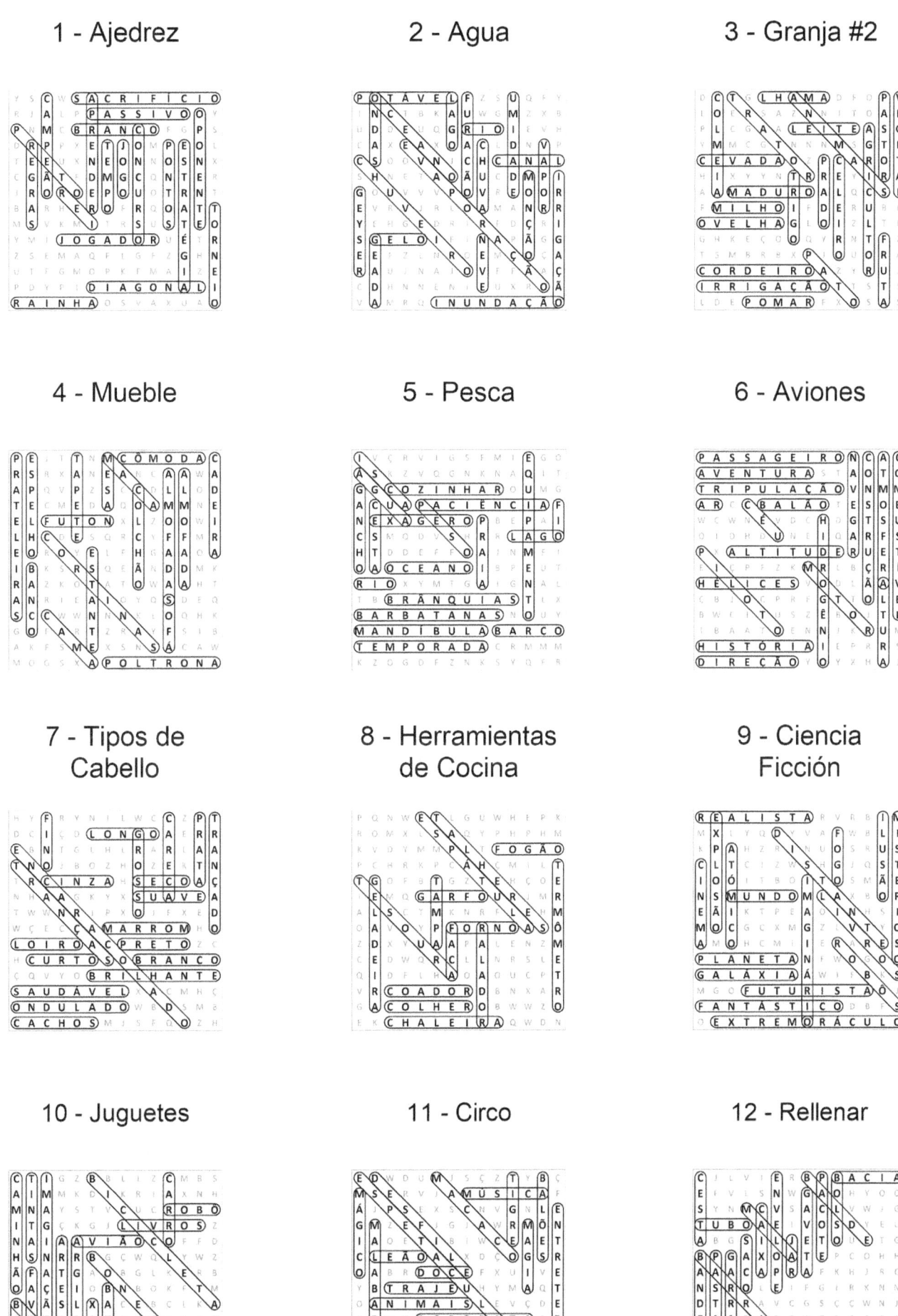

13 - Granja #1

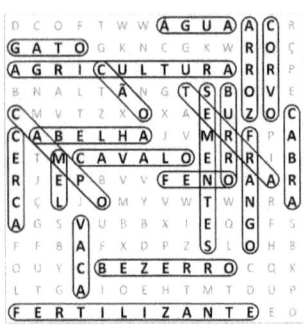

14 - Camping

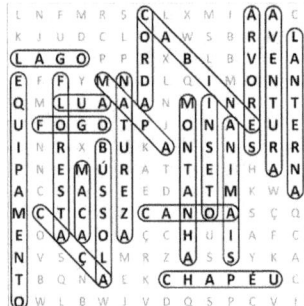

15 - Fruta

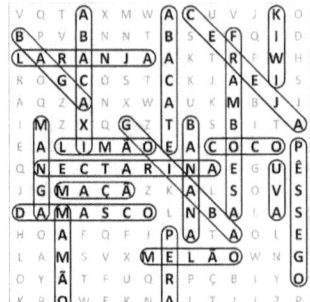

16 - Geología

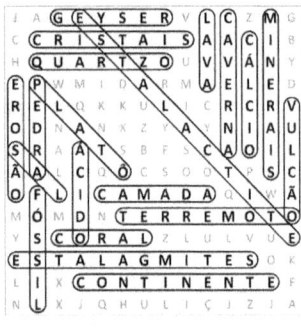

17 - Plantas

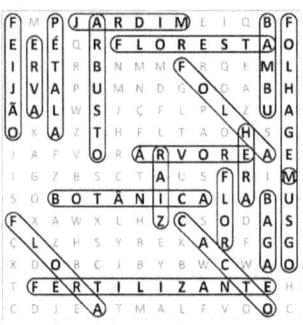

18 - Suministros de Arte

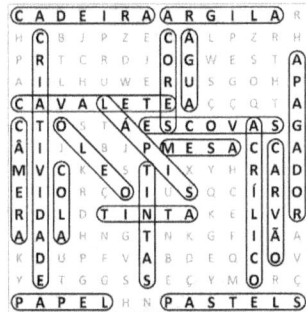

19 - Jardín

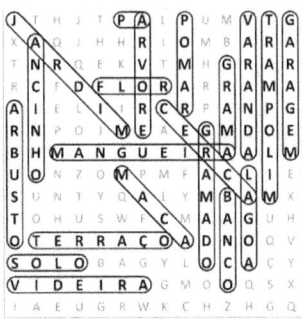

20 - Países #2

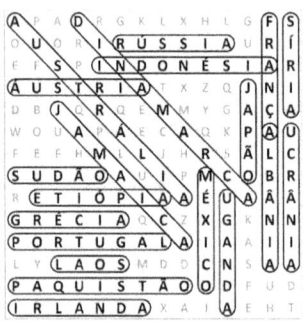

21 - Tecnología

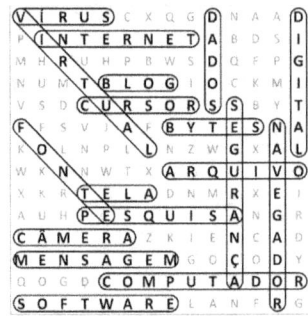

22 - Números

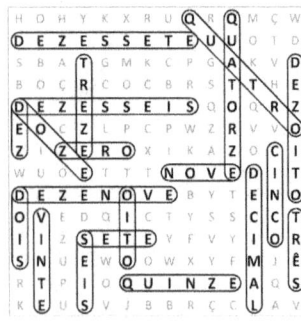

23 - Mitología

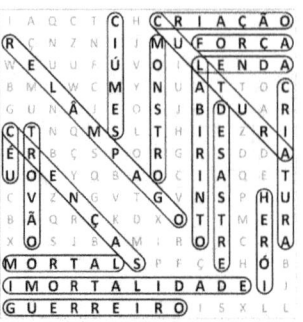

24 - Ecología

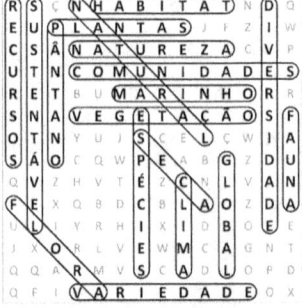

25 - Herramientas

26 - Casa

27 - Artes Visuales

28 - Escuela #2

29 - Selva Tropical

30 - Colores

31 - Adjetivos #1

32 - Familia

33 - Disciplinas Científicas

34 - Gatos

35 - Cocina

36 - Escuela #1

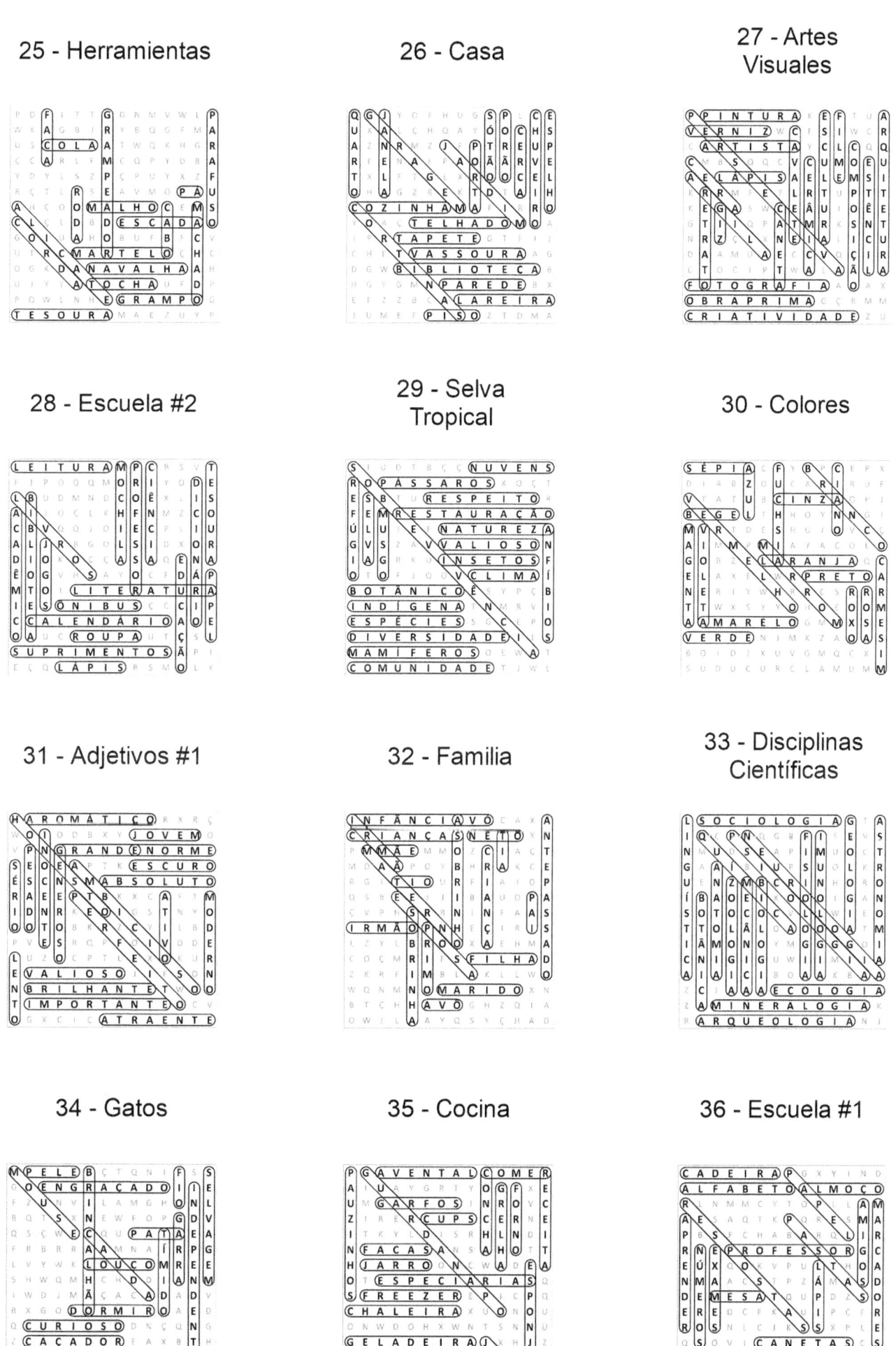

37 - Adjetivos #2

38 - Cuerpo Humano

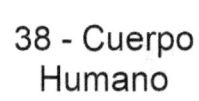
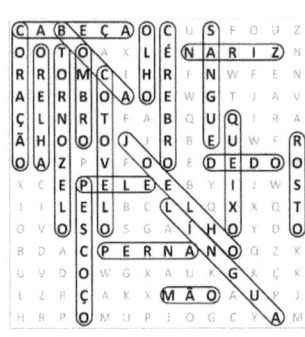

39 - Ciencia

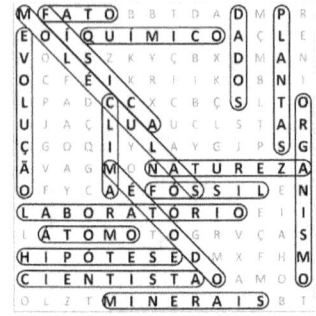

40 - Dinosaurios

41 - Restaurante #2

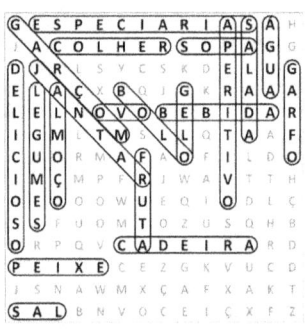

42 - Profesiones #1

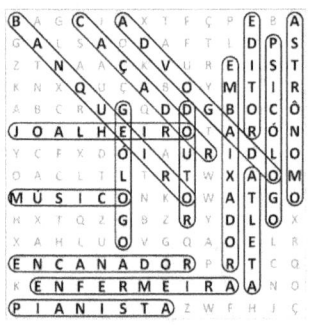

43 - Vehículos

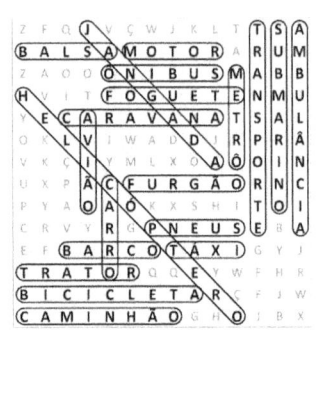

44 - Vacaciones #2

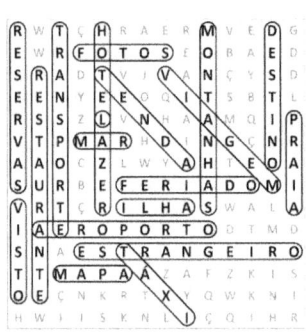

45 - Cumpleaños

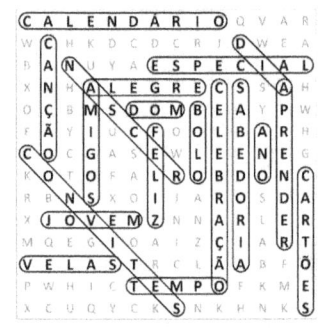

46 - Baile

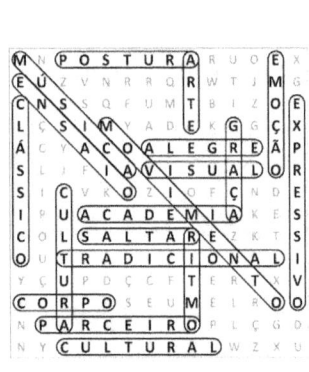

47 - Matemáticas

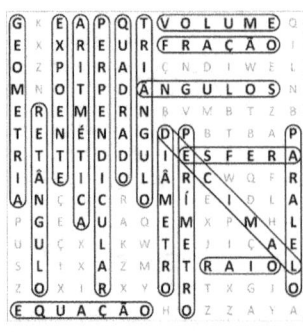

48 - Restaurante #1

49 - Profesiones #2

50 - Senderismo

51 - Naturaleza

52 - Conduciendo

53 - Ballet

54 - Aventura

55 - Pájaros

56 - Geografía

57 - Deportes

58 - Actividades

59 - Verduras

60 - Instrumentos Musicales

61 - Escalada

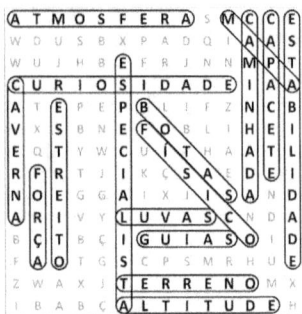

62 - Mascotas

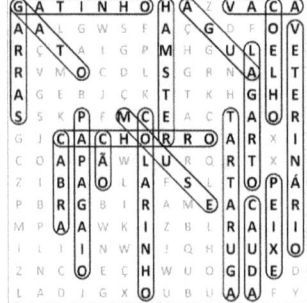

63 - Formas

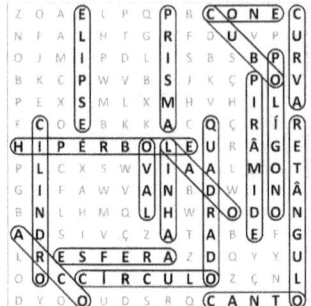

64 - Flores

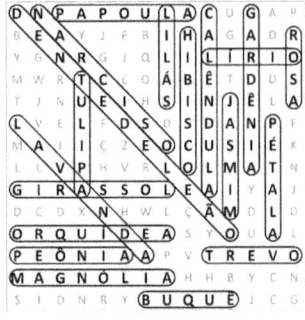

65 - Astronomía

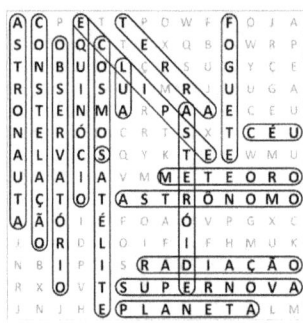

66 - Tiempo

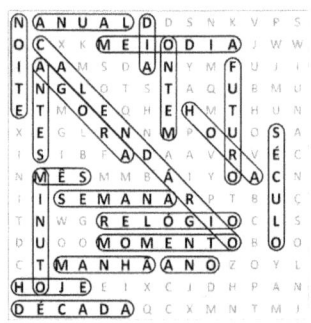

67 - Paisajes

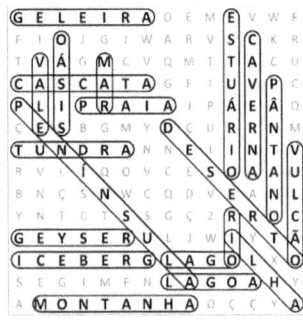

68 - Días y Meses

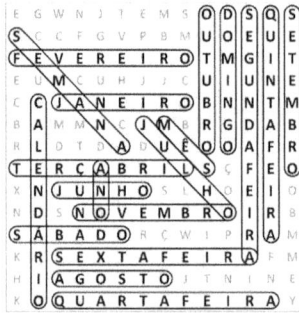

69 - Chocolate

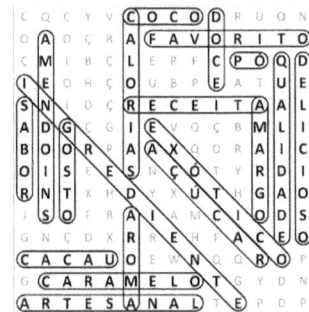

70 - Barbacoas

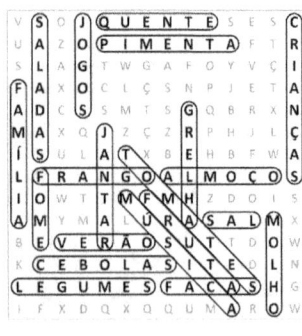

71 - Ropa

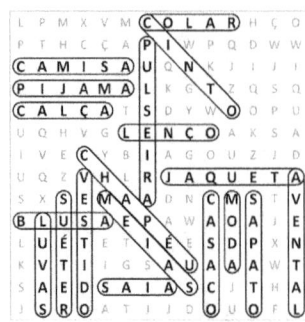

72 - Meditación

73 - Libros

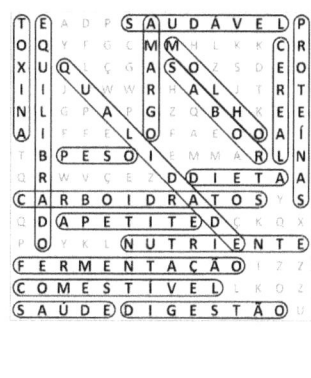

74 - Nutrición

75 - Edificios

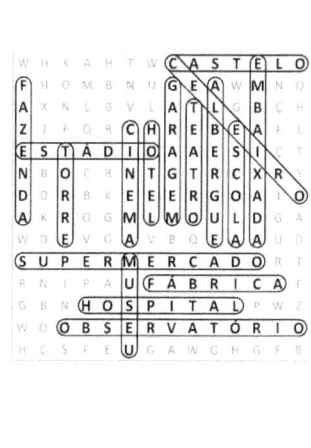

76 - Océano

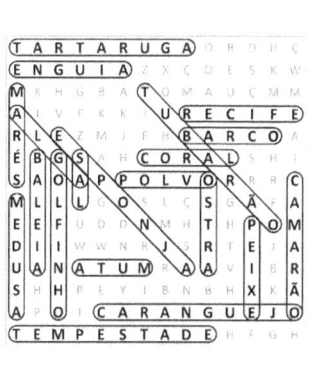

77 - Ciudad

78 - Conservación

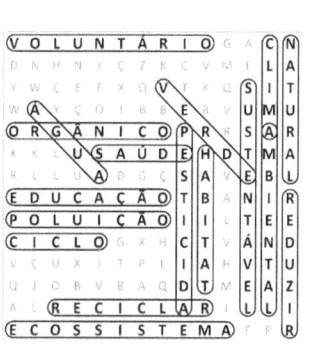

79 - Exploración

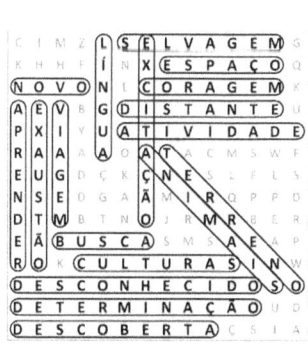

80 - Campeonato

81 - Actividades y Ocio

82 - Comida #1

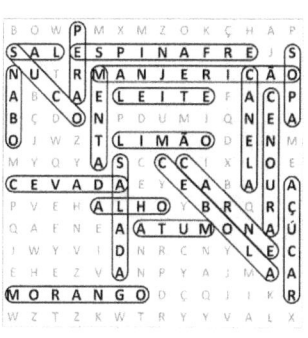

83 - Virtudes #1

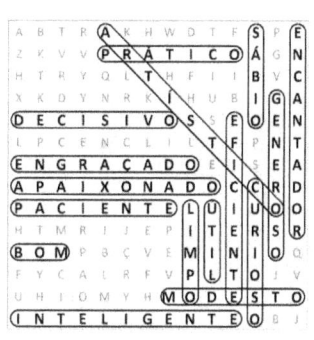

84 - Literatura

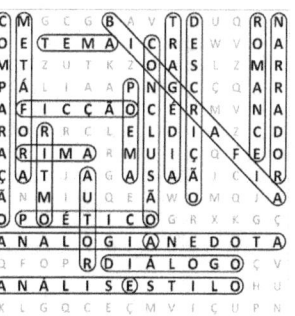

85 - Baño

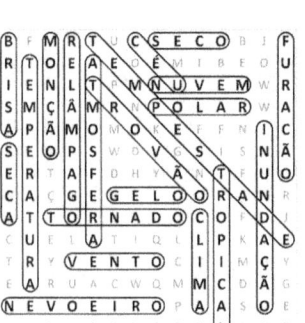

86 - Clima

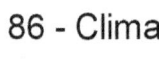

87 - Comida #2

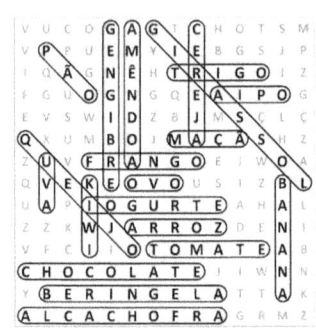

88 - Castillos

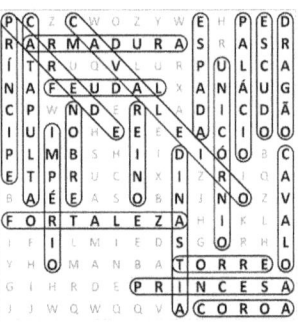

89 - Arte

90 - Herboristería

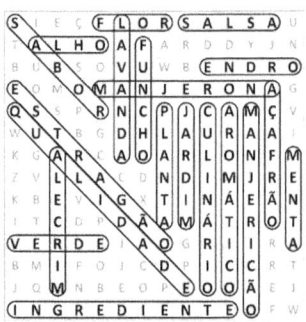

91 - Verano

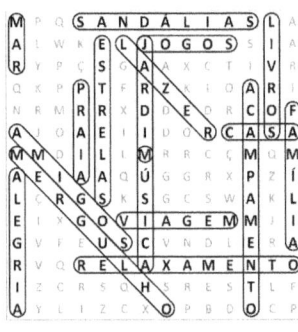

92 - Insectos

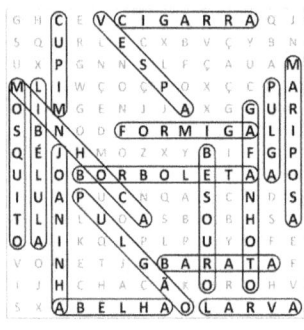

93 - Especias

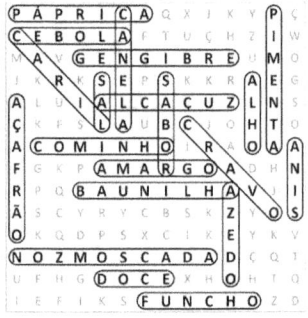

94 - Emociones

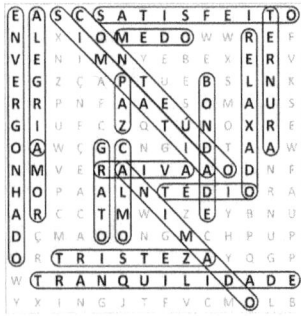

95 - Mediciones

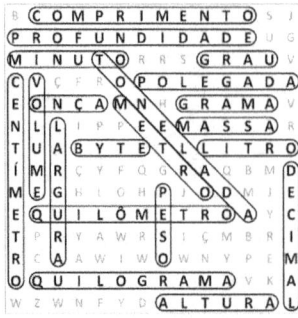

96 - Barcos

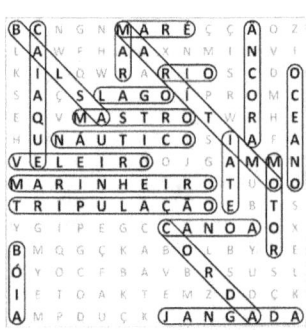

97 - Antártida

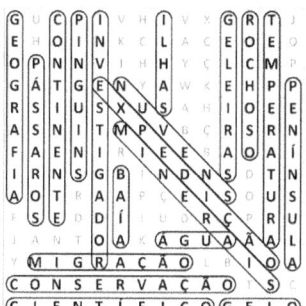

98 - Piratas

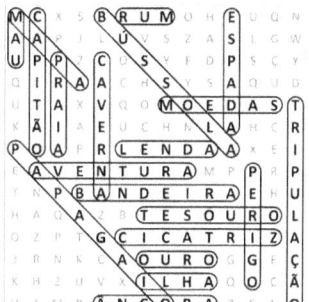

99 - Mamíferos

100 - Abejas

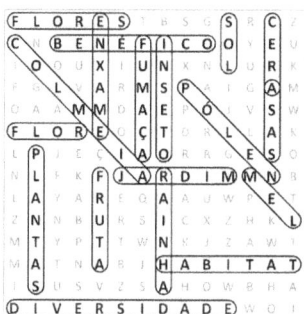

Diccionario

Abejas
Abelhas

Alas	Asas
Beneficioso	Benéfico
Cera	Cera
Colmena	Colmeia
Diversidad	Diversidade
Ecosistema	Ecossistema
Enjambre	Enxame
Flor	Flor
Flores	Flores
Fruta	Fruta
Hábitat	Habitat
Humo	Fumaça
Insecto	Inseto
Jardín	Jardim
Miel	Mel
Plantas	Plantas
Polen	Pólen
Reina	Rainha
Sol	Sol

Actividades
Atividades

Actividad	Atividade
Arte	Arte
Artesanía	Artesanato
Caza	Caca
Cerámica	Cerâmica
Fotografía	Fotografia
Habilidad	Habilidade
Intereses	Interesses
Jardinería	Jardinagem
Juegos	Jogos
Lectura	Lendo
Magia	Magia
Ocio	Lazer
Pesca	Pesca
Pintura	Pintura
Placer	Prazer
Relajación	Relaxamento
Senderismo	Caminhada

Actividades y Ocio
Atividades e Lazer

Aficiones	Hobbies
Arte	Arte
Baloncesto	Basquete
Béisbol	Beisebol
Boxeo	Boxe
Buceo	Mergulho
Camping	Acampamento
Carreras	Corrida
Fútbol	Futebol
Golf	Golfe
Jardinería	Jardinagem
Natación	Natação
Pesca	Pesca
Pintura	Pintura
Relajante	Relaxante
Senderismo	Caminhada
Surf	Surfe
Tenis	Tênis
Viaje	Viagem
Voleibol	Voleibol

Adjetivos #1
Adjetivos #1

Absoluto	Absoluto
Activo	Ativo
Ambicioso	Ambicioso
Aromático	Aromático
Atractivo	Atraente
Brillante	Brilhante
Enorme	Enorme
Generoso	Generoso
Grande	Grande
Honesto	Honesto
Importante	Importante
Inocente	Inocente
Joven	Jovem
Lento	Lento
Moderno	Moderno
Oscuro	Escuro
Perfecto	Perfeito
Pesado	Pesado
Serio	Sério
Valioso	Valioso

Adjetivos #2
Adjetivos #2

Cansado	Cansado
Comestible	Comestível
Creativo	Criativo
Descriptivo	Descritivo
Dramático	Dramático
Elegante	Elegante
Famoso	Famoso
Fresco	Fresco
Fuerte	Forte
Interesante	Interessante
Natural	Natural
Normal	Normal
Nuevo	Novo
Orgulloso	Orgulhoso
Picante	Picante
Productivo	Produtivo
Responsable	Responsável
Salado	Salgado
Saludable	Saudável
Seco	Seco

Agua
Água

Canal	Canal
Ducha	Chuveiro
Evaporación	Evaporação
Géiser	Geyser
Helada	Geada
Hielo	Gelo
Humedad	Umidade
Huracán	Furacão
Inundación	Inundação
Lago	Lago
Lluvia	Chuva
Monzón	Monção
Nieve	Neve
Océano	Oceano
Olas	Ondas
Potable	Potável
Riego	Irrigação
Río	Rio
Vapor	Vapor

Ajedrez
Xadrez

Aprender	Aprender
Blanco	Branco
Campeón	Campeão
Concurso	Concurso
Diagonal	Diagonal
Estrategia	Estratégia
Juego	Jogo
Jugador	Jogador
Negro	Preto
Oponente	Oponente
Pasivo	Passivo
Puntos	Pontos
Reglas	Regras
Reina	Rainha
Rey	Rei
Sacrificio	Sacrifício
Tiempo	Tempo
Torneo	Torneio

Antártida
Antártica

Agua	Água
Bahía	Baía
Científico	Científico
Conservación	Conservação
Continente	Continente
Expedición	Expedição
Geografía	Geografia
Glaciares	Geleiras
Hielo	Gelo
Investigador	Investigador
Islas	Ilhas
Migración	Migração
Minerales	Minerais
Nubes	Nuvens
Pájaros	Pássaros
Península	Península
Pingüinos	Pinguins
Rocoso	Rochoso
Temperatura	Temperatura
Topografía	Topografia

Arte
Arte

Cerámica	Cerâmica
Complejo	Complexo
Composición	Composição
Crear	Criar
Escultura	Escultura
Expresión	Expressão
Figura	Figura
Honesto	Honesto
Humor	Humor
Inspirado	Inspirado
Original	Original
Personal	Pessoal
Pinturas	Pinturas
Poesía	Poesia
Retratar	Retratar
Sencillo	Simples
Símbolo	Símbolo
Surrealismo	Surrealismo
Tema	Sujeito
Visual	Visual

Artes Visuales
Artes Visuais

Arcilla	Argila
Arquitectura	Arquitetura
Artista	Artista
Barniz	Verniz
Caballete	Cavalete
Cera	Cera
Cerámica	Cerâmica
Composición	Composição
Creatividad	Criatividade
Escultura	Escultura
Fotografía	Fotografia
Lápiz	Lápis
Obra Maestra	Obra-Prima
Película	Filme
Perspectiva	Perspectiva
Pintura	Pintura
Plantilla	Estêncil
Pluma	Caneta
Retrato	Retrato
Tiza	Giz

Astronomía
Astronomia

Asteroide	Asteróide
Astronauta	Astronauta
Astrónomo	Astrônomo
Cielo	Céu
Cohete	Foguete
Constelación	Constelação
Cosmos	Cosmos
Eclipse	Eclipse
Equinoccio	Equinócio
Galaxia	Galáxia
Luna	Lua
Meteoro	Meteoro
Observatorio	Observatório
Planeta	Planeta
Radiación	Radiação
Satélite	Satélite
Supernova	Supernova
Telescopio	Telescópio
Tierra	Terra
Universo	Universo

Aventura
Aventura

Actividad	Atividade
Alegría	Alegria
Amigos	Amigos
Belleza	Beleza
Destino	Destino
Dificultad	Dificuldade
Entusiasmo	Entusiasmo
Excursión	Excursão
Inusual	Incomum
Itinerario	Itinerário
Naturaleza	Natureza
Navegación	Navegação
Nuevo	Novo
Oportunidad	Chance
Peligroso	Perigoso
Preparación	Preparação
Seguridad	Segurança
Sorprendente	Surpreendente
Valentía	Bravura
Viajes	Viagens

Aviones
Aviões

Aire	Ar
Altitud	Altitude
Altura	Altura
Aterrizaje	Aterrissagem
Atmósfera	Atmosfera
Aventura	Aventura
Cielo	Céu
Combustible	Combustível
Construcción	Construção
Dirección	Direção
Globo	Balão
Hélices	Hélices
Hidrógeno	Hidrogênio
Historia	História
Motor	Motor
Navegar	Navegar
Pasajero	Passageiro
Piloto	Piloto
Tripulación	Tripulação
Turbulencia	Turbulência

Baile
Dança

Academia	Academia
Alegre	Alegre
Arte	Arte
Clásico	Clássico
Coreografía	Coreografia
Cuerpo	Corpo
Cultura	Cultura
Cultural	Cultural
Emoción	Emoção
Ensayo	Ensaio
Expresivo	Expressivo
Gracia	Graça
Movimiento	Movimento
Música	Música
Postura	Postura
Ritmo	Ritmo
Saltar	Saltar
Socio	Parceiro
Tradicional	Tradicional
Visual	Visual

Ballet
Balé

Aplauso	Aplauso
Artístico	Artístico
Audiencia	Público
Bailarina	Bailarina
Bailarines	Dançarinos
Compositor	Compositor
Coreografía	Coreografia
Ensayo	Ensaio
Estilo	Estilo
Expresivo	Expressivo
Gesto	Gesto
Habilidad	Habilidade
Intensidad	Intensidade
Músculos	Músculos
Música	Música
Orquesta	Orquestra
Práctica	Prática
Ritmo	Ritmo
Solo	Solo
Técnica	Técnica

Baño
Banheiro

Agua	Água
Alfombra	Tapete
Aseo	Banheiro
Baño	Banho
Burbujas	Bolhas
Champú	Xampu
Ducha	Chuveiro
Espejo	Espelho
Esponja	Esponja
Grifo	Torneira
Jabón	Sabão
Loción	Loção
Perfume	Perfume
Tijeras	Tesoura
Toalla	Toalha
Vapor	Vapor

Barbacoas
Churrascos

Almuerzo	Almoço
Caliente	Quente
Cebollas	Cebolas
Cena	Jantar
Cuchillos	Facas
Ensaladas	Saladas
Familia	Família
Fruta	Fruta
Hambre	Fome
Juegos	Jogos
Música	Música
Niños	Crianças
Parrilla	Grelha
Pimienta	Pimenta
Pollo	Frango
Sal	Sal
Salsa	Molho
Tomates	Tomates
Verano	Verão
Verduras	Legumes

Barcos
Barcos

Ancla	Âncora
Balsa	Jangada
Boya	Bóia
Canoa	Canoa
Cuerda	Corda
Ferry	Balsa
Kayak	Caiaque
Lago	Lago
Mar	Mar
Marea	Maré
Marinero	Marinheiro
Marítimo	Marítimo
Mástil	Mastro
Motor	Motor
Náutico	Náutico
Océano	Oceano
Río	Rio
Tripulación	Tripulação
Velero	Veleiro
Yate	Iate

Campeonato
Campeonato

Campeonato	Campeonato
Campeón	Campeão
Deportes	Esportes
Entrenador	Treinador
Equipo	Equipe
Estrategia	Estratégia
Finalista	Finalista
Juegos	Jogos
Juez	Juiz
Liga	Liga
Medalla	Medalha
Motivación	Motivação
Rendimiento	Desempenho
Resistencia	Resistência
Torneo	Torneio
Victoria	Vitória

Camping
Acampamento

Animales	Animais
Aventura	Aventura
Árboles	Árvores
Bosque	Floresta
Brújula	Bússola
Cabina	Cabine
Canoa	Canoa
Caza	Caça
Cuerda	Corda
Equipo	Equipamento
Fuego	Fogo
Hamaca	Maca
Insecto	Inseto
Lago	Lago
Linterna	Lanterna
Luna	Lua
Mapa	Mapa
Montaña	Montanha
Naturaleza	Natureza
Sombrero	Chapéu

Casa
Casa

Alfombra	Tapete
Ático	Sótão
Biblioteca	Biblioteca
Chimenea	Lareira
Cocina	Cozinha
Cortinas	Cortinas
Ducha	Chuveiro
Escoba	Vassoura
Espejo	Espelho
Garaje	Garagem
Grifo	Torneira
Habitación	Quarto
Jardín	Jardim
Pared	Parede
Piso	Piso
Puerta	Porta
Sótano	Porão
Techo	Telhado
Valla	Cerca
Ventana	Janela

Castillos
Castelos

Armadura	Armadura
Caballero	Cavaleiro
Caballo	Cavalo
Catapulta	Catapulta
Corona	Coroa
Dinastía	Dinastia
Dragón	Dragão
Escudo	Escudo
Espada	Espada
Feudal	Feudal
Fortaleza	Fortaleza
Imperio	Império
Noble	Nobre
Palacio	Palácio
Pared	Parede
Princesa	Princesa
Príncipe	Príncipe
Reino	Reino
Torre	Torre
Unicornio	Unicórnio

Chocolate
Chocolate

Amargo	Amargo
Antioxidante	Antioxidante
Aroma	Aroma
Artesanal	Artesanal
Azúcar	Açúcar
Cacahuetes	Amendoins
Cacao	Cacau
Calidad	Qualidade
Calorías	Calorias
Caramelo	Caramelo
Coco	Coco
Delicioso	Delicioso
Dulce	Doce
Exótico	Exótico
Favorito	Favorito
Gusto	Gosto
Ingrediente	Ingrediente
Polvo	Pó
Receta	Receita
Sabor	Sabor

Ciencia
Ciência

Átomo	Átomo
Científico	Cientista
Clima	Clima
Datos	Dados
Evolución	Evolução
Experimento	Experiência
Física	Física
Fósil	Fóssil
Gravedad	Gravidade
Hecho	Fato
Hipótesis	Hipótese
Laboratorio	Laboratório
Método	Método
Minerales	Minerais
Moléculas	Moléculas
Naturaleza	Natureza
Organismo	Organismo
Partículas	Partículas
Plantas	Plantas
Químico	Químico

Ciencia Ficción
Ficção Científica

Atómico	Atómico
Cine	Cinema
Distante	Distante
Explosión	Explosão
Extremo	Extremo
Fantástico	Fantástico
Fuego	Fogo
Futurista	Futurista
Galaxia	Galáxia
Ilusión	Ilusão
Imaginario	Imaginário
Libros	Livros
Misterioso	Misterioso
Mundo	Mundo
Oráculo	Oráculo
Planeta	Planeta
Realista	Realista
Robots	Robôs
Tecnología	Tecnologia
Utopía	Utopia

Circo
Circo

Acróbata	Acrobata
Animales	Animais
Caramelo	Doce
Carpa	Tenda
Desfile	Desfile
Elefante	Elefante
Entretener	Entreter
Espectacular	Espetacular
Espectador	Espectador
Globos	Balões
León	Leão
Magia	Magia
Mago	Mágico
Malabarista	Malabarista
Mono	Macaco
Música	Música
Payaso	Palhaço
Tigre	Tigre
Traje	Traje
Truco	Truque

Ciudad
Cidade

Aeropuerto	Aeroporto
Banco	Banco
Biblioteca	Biblioteca
Cine	Cinema
Clínica	Clínica
Escuela	Escola
Estadio	Estádio
Farmacia	Farmácia
Florista	Florista
Galería	Galeria
Hotel	Hotel
Librería	Livraria
Mercado	Mercado
Museo	Museu
Panadería	Padaria
Restaurante	Restaurante
Supermercado	Supermercado
Teatro	Teatro
Tienda	Loja
Universidad	Universidade

Clima
Clima

Atmósfera	Atmosfera
Brisa	Brisa
Cielo	Céu
Clima	Clima
Hielo	Gelo
Huracán	Furacão
Inundación	Inundação
Monzón	Monção
Niebla	Nevoeiro
Nube	Nuvem
Polar	Polar
Rayo	Relâmpago
Seco	Seco
Sequía	Seca
Temperatura	Temperatura
Tormenta	Tempestade
Tornado	Tornado
Tropical	Tropical
Trueno	Trovão
Viento	Vento

Cocina
Cozinha

Caldera	Chaleira
Comer	Comer
Congelador	Freezer
Cucharas	Colheres
Cucharón	Concha
Cuchillos	Facas
Delantal	Avental
Especias	Especiarias
Esponja	Esponja
Horno	Forno
Jarra	Jarro
Palillos	Pauzinhos
Parrilla	Grelha
Receta	Receita
Refrigerador	Geladeira
Servilleta	Guardanapo
Tarro	Jar
Tazas	Cups
Tazón	Tigela
Tenedores	Garfos

Colores
Cores

Amarillo	Amarelo
Azul	Azul
Beige	Bege
Blanco	Branco
Carmesí	Carmesim
Cian	Ciano
Fucsia	Fuchsia
Gris	Cinza
Magenta	Magenta
Marrón	Marrom
Naranja	Laranja
Negro	Preto
Púrpura	Roxo
Rojo	Vermelho
Rosa	Rosa
Sepia	Sépia
Verde	Verde
Violeta	Violeta

Comida #1
Comida #1

Ajo	Alho
Albahaca	Manjericão
Atún	Atum
Azúcar	Açúcar
Canela	Canela
Carne	Carne
Cebada	Cevada
Cebolla	Cebola
Ensalada	Salada
Espinacas	Espinafre
Fresa	Morango
Jugo	Suco
Leche	Leite
Limón	Limão
Menta	Menta
Nabo	Nabo
Pera	Pera
Sal	Sal
Sopa	Sopa
Zanahoria	Cenoura

Comida #2
Comida # 2

Alcachofa	Alcachofra
Almendra	Amêndoa
Apio	Aipo
Arroz	Arroz
Berenjena	Beringela
Cereza	Cereja
Chocolate	Chocolate
Girasol	Girassol
Huevo	Ovo
Jengibre	Gengibre
Kiwi	Kiwi
Manzana	Maçã
Pan	Pão
Plátano	Banana
Pollo	Frango
Queso	Queijo
Tomate	Tomate
Trigo	Trigo
Uva	Uva
Yogur	Iogurte

Conduciendo
Dirigindo

Accidente	Acidente
Calle	Rua
Camión	Caminhão
Coche	Carro
Combustible	Combustível
Frenos	Freios
Garaje	Garagem
Gas	Gás
Licencia	Licença
Mapa	Mapa
Motocicleta	Motocicleta
Motor	Motor
Peatonal	Pedestre
Peligro	Perigo
Policía	Polícia
Seguridad	Segurança
Transporte	Transporte
Tráfico	Tráfego
Túnel	Túnel
Velocidad	Rapidez

Conservación
Conservação

Agua	Água
Ambiental	Ambiental
Ciclo	Ciclo
Clima	Clima
Contaminación	Poluição
Ecosistema	Ecossistema
Educación	Educação
Hábitat	Habitat
Natural	Natural
Orgánico	Orgânico
Pesticida	Pesticida
Reciclar	Reciclar
Reducir	Reduzir
Salud	Saúde
Sostenible	Sustentável
Verde	Verde
Voluntario	Voluntário

Cuerpo Humano
Corpo Humano

Barbilla	Queixo
Boca	Boca
Cabeza	Cabeça
Cara	Rosto
Cerebro	Cérebro
Codo	Cotovelo
Corazón	Coração
Cuello	Pescoço
Dedo	Dedo
Hombro	Ombro
Lengua	Língua
Mano	Mão
Nariz	Nariz
Ojo	Olho
Oreja	Orelha
Piel	Pele
Pierna	Perna
Rodilla	Joelho
Sangre	Sangue
Tobillo	Tornozelo

Cumpleaños
Aniversário

Alegre	Alegre
Amigos	Amigos
Año	Ano
Aprender	Aprender
Calendario	Calendário
Canción	Canção
Celebración	Celebração
Día	Dia
Especial	Especial
Feliz	Feliz
Invitaciones	Convites
Joven	Jovem
Nacer	Nascer
Pastel	Bolo
Regalo	Dom
Sabiduría	Sabedoria
Tarjetas	Cartões
Tiempo	Tempo
Velas	Velas

Deportes
Esportes

Atleta	Atleta
Árbitro	Árbitro
Baloncesto	Basquete
Béisbol	Beisebol
Bicicleta	Bicicleta
Campeonato	Campeonato
Entrenador	Treinador
Equipo	Equipe
Estadio	Estádio
Ganador	Ganhador
Gimnasia	Ginástica
Gimnasio	Ginásio
Golf	Golfe
Hockey	Hóquei
Juego	Jogo
Jugador	Jogador
Movimiento	Movimento
Tenis	Tênis

Dinosaurios
Dinossauros

Alas	Asas
Carnívoro	Carnívoro
Cola	Cauda
Enorme	Enorme
Especie	Espécies
Evolución	Evolução
Fósiles	Fósseis
Grande	Grande
Herbívoro	Herbívoro
Mamut	Mamute
Omnívoro	Onívoro
Poderoso	Poderoso
Prehistórico	Pré-Histórico
Presa	Presa
Raptor	Raptor
Reptil	Réptil
Tamaño	Tamanho
Tierra	Terra
Vicioso	Vicioso

Disciplinas Científicas
Disciplinas Científicas

Anatomía	Anatomia
Arqueología	Arqueologia
Astronomía	Astronomia
Biología	Biologia
Bioquímica	Bioquímica
Botánica	Botânica
Ecología	Ecologia
Fisiología	Fisiologia
Geología	Geologia
Inmunología	Imunologia
Lingüística	Linguística
Mecánica	Mecânica
Meteorología	Meteorologia
Mineralogía	Mineralogia
Neurología	Neurologia
Psicología	Psicologia
Química	Química
Sociología	Sociologia
Termodinámica	Termodinâmica
Zoología	Zoologia

Días y Meses
Dias e Meses

Abril	Abril
Agosto	Agosto
Año	Ano
Calendario	Calendário
Domingo	Domingo
Enero	Janeiro
Febrero	Fevereiro
Jueves	Quinta-Feira
Julio	Julho
Junio	Junho
Lunes	Segunda-Feira
Martes	Terça
Mes	Mês
Miércoles	Quarta-Feira
Noviembre	Novembro
Octubre	Outubro
Sábado	Sábado
Semana	Semana
Septiembre	Setembro
Viernes	Sexta-Feira

Ecología
Ecologia

Clima	Clima
Comunidades	Comunidades
Diversidad	Diversidade
Especie	Espécies
Fauna	Fauna
Flora	Flora
Global	Global
Hábitat	Habitat
Marino	Marinho
Natural	Natural
Naturaleza	Natureza
Pantano	Pântano
Plantas	Plantas
Recursos	Recursos
Sequía	Seca
Sostenible	Sustentável
Supervivencia	Sobrevivência
Variedad	Variedade
Vegetación	Vegetação
Voluntarios	Voluntários

Edificios
Edifícios

Albergue	Albergue
Apartamento	Apartamento
Castillo	Castelo
Cine	Cinema
Embajada	Embaixada
Escuela	Escola
Estadio	Estádio
Fábrica	Fábrica
Garaje	Garagem
Granero	Celeiro
Granja	Fazenda
Hospital	Hospital
Hotel	Hotel
Laboratorio	Laboratório
Museo	Museu
Observatorio	Observatório
Supermercado	Supermercado
Teatro	Teatro
Torre	Torre
Universidad	Universidade

Emociones
Emoções

Aburrimiento	Tédio
Agradecido	Grato
Alegría	Alegria
Amor	Amor
Avergonzado	Envergonhado
Bondad	Bondade
Calma	Calmo
Contenido	Conteúdo
Emocionado	Animado
Ira	Raiva
Miedo	Medo
Paz	Paz
Relajado	Relaxado
Satisfecho	Satisfeito
Simpatía	Simpatia
Ternura	Ternura
Tranquilidad	Tranquilidade
Tristeza	Tristeza

Escalada
Escalada

Altitud	Altitude
Atmósfera	Atmosfera
Botas	Botas
Casco	Capacete
Cueva	Caverna
Curiosidad	Curiosidade
Estabilidad	Estabilidade
Estrecho	Estreito
Experto	Especialista
Físico	Físico
Fuerza	Força
Guantes	Luvas
Guías	Guias
Mapa	Mapa
Senderismo	Caminhada
Terreno	Terreno

Escuela #1
Escola #1

Alfabeto	Alfabeto
Almuerzo	Almoço
Amigos	Amigos
Aprender	Aprender
Biblioteca	Biblioteca
Carpetas	Pastas
Escritorio	Mesa
Examen	Questionário
Exámenes	Exames
Lápiz	Lápis
Libros	Livros
Marcadores	Marcadores
Matemática	Matemática
Números	Números
Papel	Papel
Plumas	Canetas
Profesor	Professor
Respuestas	Respostas
Silla	Cadeira

Escuela #2
Escola # 2

Académico	Acadêmico
Autobús	Ônibus
Biblioteca	Biblioteca
Calendario	Calendário
Ciencia	Ciência
Diccionario	Dicionário
Educación	Educação
Gramática	Gramática
Juegos	Jogos
Lápiz	Lápis
Lectura	Leitura
Libros	Livros
Literatura	Literatura
Mochila	Mochila
Ordenador	Computador
Papel	Papel
Profesor	Professor
Ropa	Roupa
Suministros	Suprimentos
Tijeras	Tesoura

Especias
Especiarias

Agrio	Azedo
Ajo	Alho
Amargo	Amargo
Anís	Anis
Azafrán	Açafrão
Canela	Canela
Cebolla	Cebola
Clavo	Cravo
Comino	Cominho
Curry	Caril
Dulce	Doce
Hinojo	Funcho
Jengibre	Gengibre
Nuez Moscada	Noz-Moscada
Pimentón	Páprica
Pimienta	Pimenta
Regaliz	Alcaçuz
Sabor	Sabor
Sal	Sal
Vainilla	Baunilha

Exploración
Exploração

Actividad	Atividade
Agotamiento	Exaustão
Animales	Animais
Aprender	Aprender
Búsqueda	Busca
Coraje	Coragem
Culturas	Culturas
Desconocido	Desconhecido
Descubrimiento	Descoberta
Determinación	Determinação
Distante	Distante
Emoción	Excitação
Espacio	Espaço
Idioma	Língua
Nuevo	Novo
Salvaje	Selvagem
Terreno	Terreno
Viaje	Viagem

Familia
Família

Abuela	Avó
Abuelo	Avô
Antepasado	Antepassado
Esposa	Esposa
Hermana	Irmã
Hermano	Irmão
Hija	Filha
Infancia	Infância
Madre	Mãe
Marido	Marido
Materno	Materno
Nieto	Neto
Niño	Criança
Niños	Crianças
Padre	Pai
Primo	Primo
Sobrina	Sobrinha
Sobrino	Sobrinho
Tía	Tia
Tío	Tio

Flores
Flores

Amapola	Papoula
Caléndula	Calêndula
Diente de León	Dente-De-Leão
Gardenia	Gardênia
Girasol	Girassol
Hibisco	Hibisco
Jazmín	Jasmim
Lavanda	Lavanda
Lila	Lilás
Lirio	Lírio
Magnolia	Magnólia
Margarita	Margarida
Narciso	Narciso
Orquídea	Orquídea
Peonía	Peônia
Pétalo	Pétala
Ramo	Buquê
Rosa	Rosa
Trébol	Trevo
Tulipán	Tulipa

Formas
Formas

Arco	Arco
Cilindro	Cilindro
Círculo	Círculo
Cono	Cone
Cuadrado	Quadrado
Cubo	Cubo
Curva	Curva
Elipse	Elipse
Esfera	Esfera
Esquina	Canto
Hipérbola	Hipérbole
Lado	Lado
Línea	Linha
Oval	Oval
Pirámide	Pirâmide
Polígono	Polígono
Prisma	Prisma
Rectángulo	Retângulo
Triángulo	Triângulo

Fruta
Frutas

Aguacate	Abacate
Albaricoque	Damasco
Baya	Baga
Cereza	Cereja
Coco	Coco
Frambuesa	Framboesa
Guayaba	Goiaba
Kiwi	Kiwi
Limón	Limão
Mango	Manga
Manzana	Maçã
Melocotón	Pêssego
Melón	Melão
Naranja	Laranja
Nectarina	Nectarina
Papaya	Mamão
Pera	Pera
Piña	Abacaxi
Plátano	Banana
Uva	Uva

Gatos
Gatos

Cazador	Caçador
Cola	Cauda
Curioso	Curioso
Dormir	Dormir
Garra	Garra
Gracioso	Engraçado
Hilo	Fio
Independiente	Independente
Juguetón	Brincalhão
Loco	Louco
Pata	Pata
Personalidad	Personalidade
Piel	Pele
Ratón	Mouse
Salvaje	Selvagem
Tímido	Tímido

Geografía
Geografia

Altitud	Altitude
Atlas	Atlas
Ciudad	Cidade
Continente	Continente
Hemisferio	Hemisfério
Isla	Ilha
Latitud	Latitude
Longitud	Longitude
Mapa	Mapa
Mar	Mar
Meridiano	Meridiano
Montaña	Montanha
Mundo	Mundo
Norte	Norte
Oeste	Oeste
País	País
Región	Região
Río	Rio
Sur	Sul
Territorio	Território

Geología
Geologia

Ácido	Ácido
Calcio	Cálcio
Capa	Camada
Caverna	Caverna
Continente	Continente
Coral	Coral
Cristales	Cristais
Cuarzo	Quartzo
Erosión	Erosão
Estalactita	Estalactite
Estalagmitas	Estalagmites
Fósil	Fóssil
Géiser	Geyser
Lava	Lava
Meseta	Platô
Minerales	Minerais
Piedra	Pedra
Sal	Sal
Terremoto	Terremoto
Volcán	Vulcão

Granja #1
Fazenda #1

Abeja	Abelha
Agricultura	Agricultura
Agua	Água
Arroz	Arroz
Burro	Burro
Caballo	Cavalo
Cabra	Cabra
Campo	Campo
Cuervo	Corvo
Fertilizante	Fertilizante
Gato	Gato
Heno	Feno
Miel	Mel
Perro	Cão
Pollo	Frango
Semillas	Sementes
Ternero	Bezerro
Tierra	Terra
Vaca	Vaca
Valla	Cerca

Granja #2
Fazenda #2

Agricultor	Agricultor
Animales	Animais
Cebada	Cevada
Colmena	Colmeia
Cordero	Cordeiro
Fruta	Fruta
Granero	Celeiro
Huerto	Pomar
Leche	Leite
Llama	Lhama
Maduro	Maduro
Maíz	Milho
Oveja	Ovelha
Pastor	Pastor
Pato	Pato
Prado	Prado
Riego	Irrigação
Tractor	Trator
Trigo	Trigo
Vegetal	Vegetal

Herboristería
Herbalismo

Ajo	Alho
Albahaca	Manjericão
Aromático	Aromático
Azafrán	Açafrão
Calidad	Qualidade
Culinario	Culinário
Eneldo	Endro
Estragón	Estragão
Flor	Flor
Hinojo	Funcho
Ingrediente	Ingrediente
Jardín	Jardim
Lavanda	Lavanda
Mejorana	Manjerona
Menta	Menta
Perejil	Salsa
Planta	Planta
Romero	Alecrim
Sabor	Sabor
Verde	Verde

Herramientas
Ferramentas

Alicates	Alicate
Antorcha	Tocha
Cable	Cabo
Cuchillo	Faca
Cuerda	Corda
Escalera	Escada
Grapa	Grampo
Grapadora	Grampeador
Hacha	Machado
Martillo	Martelo
Mazo	Malho
Navaja	Navalha
Pala	Pá
Pegamento	Cola
Rueda	Roda
Tijeras	Tesoura
Tornillo	Parafuso

Herramientas de Cocina
Ferramentas de Cozinha

Caldera	Chaleira
Colador	Coador
Cubertería	Talheres
Cuchara	Colher
Cuchillo	Faca
Espátula	Espátula
Estufa	Fogão
Exprimidor	Espremedor
Horno	Forno
Ralllador	Ralador
Refrigerador	Geladeira
Tapa	Tampa
Tenedor	Garfo
Termómetro	Termômetro
Tijeras	Tesoura
Tostadora	Torradeira

Insectos
Insetos

Abeja	Abelha
Avispa	Vespa
Áfido	Pulgão
Cigarra	Cigarra
Cucaracha	Barata
Escarabajo	Besouro
Gusano	Minhoca
Hormiga	Formiga
Larva	Larva
Libélula	Libélula
Mantis	Louva-A-Deus
Mariposa	Borboleta
Mariquita	Joaninha
Mosquito	Mosquito
Polilla	Mariposa
Pulga	Pulga
Saltamontes	Gafanhoto
Termita	Cupim

Instrumentos Musicales
Instrumentos Musicais

Armónica	Gaita
Arpa	Harpa
Banjo	Banjo
Clarinete	Clarinete
Fagot	Fagote
Flauta	Flauta
Gong	Gongo
Guitarra	Violão
Mandolina	Bandolim
Marimba	Marimba
Oboe	Oboé
Pandereta	Pandeiro
Percusión	Percussão
Piano	Piano
Saxofón	Saxofone
Tambor	Tambor
Trombón	Trombone
Trompeta	Trompete
Violín	Violino
Violonchelo	Violoncelo

Jardín
Jardim

Arbusto	Arbusto
Árbol	Árvore
Banco	Banco
Césped	Gramado
Estanque	Lagoa
Flor	Flor
Garaje	Garagem
Hamaca	Maca
Hierba	Grama
Huerto	Pomar
Jardín	Jardim
Manguera	Mangueira
Pala	Pá
Porche	Varanda
Rastrillo	Ancinho
Suelo	Solo
Terraza	Terraço
Trampolín	Trampolim
Valla	Cerca
Vid	Videira

Juguetes
Brinquedos

Ajedrez	Xadrez
Arcilla	Argila
Artesanía	Artesanato
Avión	Avião
Barco	Barco
Bicicleta	Bicicleta
Bola	Bola
Camión	Caminhão
Coche	Carro
Cometa	Pipa
Favorito	Favorito
Imaginación	Imaginação
Juegos	Jogos
Libros	Livros
Muñeca	Boneca
Pinturas	Tintas
Robot	Robô
Tambores	Bateria

Libros
Livros

Autor	Autor
Aventura	Aventura
Colección	Coleção
Contexto	Contexto
Dualidad	Dualidade
Escrito	Escrito
Historia	História
Histórico	Histórico
Humorístico	Humorado
Inventivo	Inventivo
Lector	Leitor
Literario	Literário
Narrador	Narrador
Novela	Romance
Página	Página
Pertinente	Relevante
Poema	Poema
Poesía	Poesia
Serie	Série
Trágico	Trágico

Literatura
Literatura

Analogía	Analogia
Análisis	Análise
Anécdota	Anedota
Autor	Autor
Biografía	Biografia
Comparación	Comparação
Conclusión	Conclusão
Descripción	Descrição
Diálogo	Diálogo
Estilo	Estilo
Ficción	Ficção
Metáfora	Metáfora
Narrador	Narrador
Novela	Romance
Poema	Poema
Poético	Poético
Rima	Rima
Ritmo	Ritmo
Tema	Tema
Tragedia	Tragédia

Mamíferos
Mamíferos

Ballena	Baleia
Burro	Burro
Caballo	Cavalo
Camello	Camelo
Canguro	Canguru
Cebra	Zebra
Conejo	Coelho
Coyote	Coiote
Delfín	Golfinho
Elefante	Elefante
Gato	Gato
Gorila	Gorila
Jirafa	Girafa
Lobo	Lobo
Mono	Macaco
Oso	Urso
Oveja	Ovelha
Perro	Cão
Toro	Touro
Zorro	Raposa

Mascotas
Animais de Estimação

Agua	Água
Cabra	Cabra
Cachorro	Cachorro
Cola	Cauda
Collar	Colarinho
Conejo	Coelho
Garras	Garras
Gatito	Gatinho
Gato	Gato
Hámster	Hamster
Lagarto	Lagarto
Loro	Papagaio
Perro	Cão
Pescado	Peixe
Ratón	Mouse
Tortuga	Tartaruga
Vaca	Vaca
Veterinario	Veterinário

Matemáticas
Matemática

Aritmética	Aritmética
Ángulos	Ângulos
Cuadrado	Quadrado
Decimal	Decimal
Diámetro	Diâmetro
Ecuación	Equação
Esfera	Esfera
Exponente	Expoente
Fracción	Fração
Geometría	Geometria
Paralelo	Paralelo
Paralelogramo	Paralelogramo
Perímetro	Perímetro
Perpendicular	Perpendicular
Polígono	Polígono
Radio	Raio
Rectángulo	Retângulo
Simetría	Simetria
Triángulo	Triângulo
Volumen	Volume

Mediciones
Medições

Altura	Altura
Ancho	Largura
Byte	Byte
Centímetro	Centímetro
Decimal	Decimal
Grado	Grau
Gramo	Grama
Kilogramo	Quilograma
Kilómetro	Quilômetro
Litro	Litro
Longitud	Comprimento
Masa	Massa
Metro	Metro
Minuto	Minuto
Onza	Onça
Peso	Peso
Profundidad	Profundidade
Pulgada	Polegada
Tonelada	Tonelada
Volumen	Volume

Meditación
Meditação

Aceptación	Aceitação
Atención	Atenção
Bondad	Bondade
Calma	Calmo
Claridad	Clareza
Compasión	Compaixão
Emociones	Emoções
Gratitud	Gratidão
Mental	Mental
Mente	Mente
Movimiento	Movimento
Música	Música
Naturaleza	Natureza
Observación	Observação
Paz	Paz
Pensamientos	Pensamentos
Perspectiva	Perspectiva
Postura	Postura
Respiración	Respirando
Silencio	Silêncio

Mitología
Mitologia

Arquetipo	Arquétipo
Celos	Ciúmes
Cielo	Céu
Comportamiento	Comportamento
Creación	Criação
Creencias	Crenças
Criatura	Criatura
Cultura	Cultura
Desastre	Desastre
Fuerza	Força
Guerrero	Guerreiro
Héroe	Herói
Inmortalidad	Imortalidade
Laberinto	Labirinto
Leyenda	Lenda
Monstruo	Monstro
Mortal	Mortal
Rayo	Relâmpago
Trueno	Trovão
Venganza	Vingança

Mueble
Móveis

Alfombra	Tapete
Almohada	Almofada
Banco	Banco
Cama	Cama
Cojines	Almofadas
Colchón	Colchão
Cortinas	Cortinas
Cómoda	Cômoda
Escritorio	Mesa
Espejo	Espelho
Estantería	Estante
Estantes	Prateleiras
Futón	Futon
Hamaca	Maca
Silla	Cadeira
Sillón	Poltrona
Sofá	Sofá

Naturaleza
Natureza

Abejas	Abelhas
Animales	Animais
Ártico	Ártico
Belleza	Beleza
Bosque	Floresta
Desierto	Deserto
Dinámico	Dinâmico
Erosión	Erosão
Follaje	Folhagem
Glaciar	Geleira
Niebla	Nevoeiro
Nubes	Nuvens
Pacífico	Pacífico
Refugio	Abrigo
Río	Rio
Salvaje	Selvagem
Santuario	Santuário
Sereno	Sereno
Tropical	Tropical
Vital	Vital

Nutrición
Nutrição

Amargo	Amargo
Apetito	Apetite
Calidad	Qualidade
Calorías	Calorias
Carbohidratos	Carboidratos
Cereales	Cereal
Comestible	Comestível
Dieta	Dieta
Digestión	Digestão
Equilibrado	Equilibrado
Fermentación	Fermentação
Nutriente	Nutriente
Peso	Peso
Proteínas	Proteínas
Sabor	Sabor
Salsa	Molho
Salud	Saúde
Saludable	Saudável
Toxina	Toxina
Vitamina	Vitamina

Números
Números

Catorce	Quatorze
Cero	Zero
Cinco	Cinco
Cuatro	Quatro
Decimal	Decimal
Diecinueve	Dezenove
Dieciocho	Dezoito
Dieciséis	Dezesseis
Diecisiete	Dezessete
Diez	Dez
Doce	Doze
Dos	Dois
Nueve	Nove
Ocho	Oito
Quince	Quinze
Seis	Seis
Siete	Sete
Trece	Treze
Tres	Três
Veinte	Vinte

Océano
Oceano

Alga	Alga
Anguila	Enguia
Arrecife	Recife
Atún	Atum
Ballena	Baleia
Barco	Barco
Camarón	Camarão
Cangrejo	Caranguejo
Coral	Coral
Delfín	Golfinho
Esponja	Esponja
Mareas	Marés
Medusa	Medusa
Ostra	Ostra
Pescado	Peixe
Pulpo	Polvo
Sal	Sal
Tiburón	Tubarão
Tormenta	Tempestade
Tortuga	Tartaruga

Paisajes
Paisagens

Cascada	Cascata
Cueva	Caverna
Desierto	Deserto
Estuario	Estuário
Géiser	Geyser
Glaciar	Geleira
Iceberg	Iceberg
Isla	Ilha
Lago	Lago
Laguna	Lagoa
Mar	Mar
Montaña	Montanha
Oasis	Oásis
Pantano	Pântano
Península	Península
Playa	Praia
Río	Rio
Tundra	Tundra
Valle	Vale
Volcán	Vulcão

Países #2
Países #2

Albania	Albânia
Australia	Austrália
Austria	Áustria
Dinamarca	Dinamarca
Etiopía	Etiópia
Francia	França
Grecia	Grécia
Indonesia	Indonésia
Irlanda	Irlanda
Jamaica	Jamaica
Japón	Japão
Laos	Laos
México	México
Pakistán	Paquistão
Portugal	Portugal
Rusia	Rússia
Siria	Síria
Sudán	Sudão
Ucrania	Ucrânia
Uganda	Uganda

Pájaros
Pássaros

Avestruz	Avestruz
Águila	Águia
Cigüeña	Cegonha
Cisne	Cisne
Cuco	Cuco
Cuervo	Corvo
Flamenco	Flamingo
Ganso	Ganso
Garza	Garça
Gaviota	Gaivota
Gorrión	Pardal
Halcón	Falcão
Huevo	Ovo
Loro	Papagaio
Paloma	Pombo
Pato	Pato
Pelícano	Pelicano
Pingüino	Pinguim
Pollo	Frango
Tucán	Tucano

Pesca
Pesca

Agua	Água
Aletas	Barbatanas
Barco	Barco
Branquias	Brânquias
Cable	Fio
Cebo	Isca
Cesta	Cesta
Cocinar	Cozinhar
Equipo	Equipamento
Exageración	Exagero
Gancho	Gancho
Lago	Lago
Mandíbula	Mandíbula
Océano	Oceano
Paciencia	Paciência
Peso	Peso
Playa	Praia
Río	Rio
Temporada	Temporada

Piratas
Piratas

Ancla	Âncora
Aventura	Aventura
Bandera	Bandeira
Brújula	Bússola
Capitán	Capitão
Cicatriz	Cicatriz
Cueva	Caverna
Espada	Espada
Isla	Ilha
Leyenda	Lenda
Loro	Papagaio
Malo	Mau
Mapa	Mapa
Monedas	Moedas
Oro	Ouro
Peligro	Perigo
Playa	Praia
Ron	Rum
Tesoro	Tesouro
Tripulación	Tripulação

Plantas
Plantas

Arbusto	Arbusto
Árbol	Árvore
Bambú	Bambu
Baya	Baga
Bosque	Floresta
Botánica	Botânica
Cactus	Cacto
Fertilizante	Fertilizante
Flor	Flor
Flora	Flora
Follaje	Folhagem
Frijol	Feijão
Hiedra	Hera
Hierba	Erva
Hoja	Folha
Jardín	Jardim
Musgo	Musgo
Pétalo	Pétala
Raíz	Raiz
Vegetación	Vegetação

Profesiones #1
Profissões #1

Abogado	Advogado
Astrónomo	Astrônomo
Atleta	Atleta
Bailarín	Dançarino
Banquero	Banqueiro
Bombero	Bombeiro
Cartógrafo	Cartógrafo
Cazador	Caçador
Doctor	Doutor
Editor	Editor
Embajador	Embaixador
Enfermera	Enfermeira
Entrenador	Treinador
Fontanero	Encanador
Geólogo	Geólogo
Joyero	Joalheiro
Músico	Músico
Pianista	Pianista
Psicólogo	Psicólogo
Veterinario	Veterinário

Profesiones #2
Profissões #2

Astronauta	Astronauta
Bibliotecario	Bibliotecário
Biólogo	Biólogo
Cirujano	Cirurgião
Dentista	Dentista
Detective	Detetive
Filósofo	Filósofo
Fotógrafo	Fotógrafo
Ilustrador	Ilustrador
Ingeniero	Engenheiro
Inventor	Inventor
Investigador	Investigador
Jardinero	Jardineiro
Lingüista	Linguista
Médico	Médico
Periodista	Jornalista
Piloto	Piloto
Pintor	Pintor
Profesor	Professor
Zoólogo	Zoólogo

Rellenar
Preencher

Bandeja	Bandeja
Barril	Barril
Bolsa	Saco
Bolsillo	Bolso
Botella	Garrafa
Caja	Caixa
Cajón	Gaveta
Carpeta	Pasta
Cesta	Cesta
Cubo	Balde
Cuenca	Bacia
Jarrón	Vaso
Maleta	Mala
Paquete	Pacote
Sobre	Envelope
Tarro	Jar
Tubo	Tubo

Restaurante #1
Restaurante #1

Alergia	Alergia
Café	Café
Cajero	Caixa
Camarera	Garçonete
Carne	Carne
Cocina	Cozinha
Comer	Comer
Cuchillo	Faca
Ingredientes	Ingredientes
Menú	Menu
Pan	Pão
Picante	Picante
Plato	Placa
Pollo	Frango
Postre	Sobremesa
Reserva	Reserva
Salsa	Molho
Servilleta	Guardanapo
Tazón	Tigela

Restaurante #2
Restaurante # 2

Agua	Água
Almuerzo	Almoço
Aperitivo	Aperitivo
Bebida	Bebida
Camarero	Garçom
Cena	Jantar
Cuchara	Colher
Delicioso	Delicioso
Ensalada	Salada
Especias	Especiarias
Fruta	Fruta
Hielo	Gelo
Huevos	Ovo
Pastel	Bolo
Pescado	Peixe
Sal	Sal
Silla	Cadeira
Sopa	Sopa
Tenedor	Garfo
Verduras	Legumes

Ropa
Roupas

Abrigo	Casaco
Blusa	Blusa
Bufanda	Lenço
Calcetines	Meias
Camisa	Camisa
Chaqueta	Jaqueta
Cinturón	Cinto
Collar	Colar
Delantal	Avental
Falda	Saia
Guantes	Luvas
Moda	Moda
Pantalones	Calça
Pijama	Pijama
Pulsera	Pulseira
Sandalias	Sandálias
Sombrero	Chapéu
Suéter	Suéter
Vestido	Vestido
Zapato	Sapato

Selva Tropical
Floresta Tropical

Anfibios	Anfíbios
Botánico	Botânico
Clima	Clima
Comunidad	Comunidade
Diversidad	Diversidade
Especie	Espécies
Indígena	Indígena
Insectos	Insetos
Mamíferos	Mamíferos
Musgo	Musgo
Naturaleza	Natureza
Nubes	Nuvens
Pájaros	Pássaros
Preservación	Preservação
Refugio	Refúgio
Respeto	Respeito
Restauración	Restauração
Selva	Selva
Supervivencia	Sobrevivência
Valioso	Valioso

Senderismo
Caminhada

Acantilado	Penhasco
Agua	Água
Animales	Animais
Botas	Botas
Camping	Acampamento
Cansado	Cansado
Clima	Clima
Cumbre	Cume
Guías	Guias
Mapa	Mapa
Montaña	Montanha
Mosquitos	Mosquitos
Naturaleza	Natureza
Orientación	Orientação
Parques	Parques
Pesado	Pesado
Piedras	Pedras
Preparación	Preparação
Salvaje	Selvagem
Sol	Sol

Suministros de Arte
Material de Arte

Aceite	Óleo
Acrílico	Acrílico
Acuarelas	Aquarelas
Agua	Água
Arcilla	Argila
Borrador	Apagador
Caballete	Cavalete
Carbón	Carvão
Cámara	Câmera
Cepillos	Escovas
Colores	Cores
Creatividad	Criatividade
Lápices	Lápis
Mesa	Mesa
Papel	Papel
Pasteles	Pastels
Pegamento	Cola
Pinturas	Tintas
Silla	Cadeira
Tinta	Tinta

Tecnología
Tecnologia

Archivo	Arquivo
Blog	Blog
Bytes	Bytes
Cámara	Câmera
Cursor	Cursor
Datos	Dados
Digital	Digital
Estadísticas	Estatísticas
Fuente	Fonte
Internet	Internet
Investigación	Pesquisa
Mensaje	Mensagem
Navegador	Navegador
Ordenador	Computador
Pantalla	Tela
Seguridad	Segurança
Software	Software
Virtual	Virtual
Virus	Vírus

Tiempo
Tempo

Ahora	Agora
Antes	Antes
Anual	Anual
Año	Ano
Ayer	Ontem
Calendario	Calendário
Década	Década
Día	Dia
Futuro	Futuro
Hora	Hora
Hoy	Hoje
Mañana	Manhã
Mediodía	Meio-Dia
Mes	Mês
Minuto	Minuto
Momento	Momento
Noche	Noite
Reloj	Relógio
Semana	Semana
Siglo	Século

Tipos de Cabello
Tipos de Cabelo

Blanco	Branco
Brillante	Brilhante
Calvo	Careca
Corto	Curto
Delgada	Fino
Gris	Cinza
Grueso	Grosso
Largo	Longo
Marrón	Marrom
Negro	Preto
Ondulado	Ondulado
Plata	Prata
Rizado	Encaracolado
Rizos	Cachos
Rubio	Loiro
Saludable	Saudável
Seco	Seco
Suave	Suave
Trenzado	Trançado
Trenzas	Tranças

Vacaciones #2
Férias #2

Aeropuerto	Aeroporto
Carpa	Tenda
Destino	Destino
Extranjero	Estrangeiro
Fotos	Fotos
Hotel	Hotel
Isla	Ilha
Mapa	Mapa
Mar	Mar
Montañas	Montanhas
Ocio	Lazer
Pasaporte	Passaporte
Playa	Praia
Reservas	Reservas
Restaurante	Restaurante
Taxi	Táxi
Transporte	Transporte
Vacaciones	Feriado
Viaje	Viagem
Visa	Visto

Vehículos
Veículos

Ambulancia	Ambulância
Autobús	Ônibus
Avión	Avião
Balsa	Jangada
Barco	Barco
Bicicleta	Bicicleta
Camión	Caminhão
Caravana	Caravana
Coche	Carro
Cohete	Foguete
Ferry	Balsa
Furgoneta	Furgão
Helicóptero	Helicóptero
Lanzadera	Transporte
Metro	Metrô
Motor	Motor
Neumáticos	Pneus
Submarino	Submarino
Taxi	Táxi
Tractor	Trator

Verano
Verão

Alegría	Alegria
Amigos	Amigos
Buceo	Mergulho
Camping	Acampamento
Estrellas	Estrelas
Familia	Família
Hogar	Casa
Jardín	Jardim
Juegos	Jogos
Libros	Livros
Mar	Mar
Música	Música
Ocio	Lazer
Playa	Praia
Relajación	Relaxamento
Sandalias	Sandálias
Viaje	Viagem

Verduras
Vegetais

Ajo	Alho
Alcachofa	Alcachofra
Apio	Aipo
Berenjena	Beringela
Brócoli	Brócolis
Calabaza	Abóbora
Cebolla	Cebola
Ensalada	Salada
Espinacas	Espinafre
Guisante	Ervilha
Jengibre	Gengibre
Nabo	Nabo
Oliva	Oliva
Patata	Batata
Pepino	Pepino
Perejil	Salsa
Rábano	Rabanete
Seta	Cogumelo
Tomate	Tomate
Zanahoria	Cenoura

Virtudes #1
Virtudes #1

Apasionado	Apaixonado
Artístico	Artístico
Bien	Bom
Curioso	Curioso
Decisivo	Decisivo
Eficiente	Eficiente
Encantador	Encantador
Generoso	Generoso
Gracioso	Engraçado
Imaginativo	Imaginativo
Independiente	Independente
Inteligente	Inteligente
Limpio	Limpo
Modesto	Modesto
Paciente	Paciente
Práctico	Prático
Sabio	Sábio
Útil	Útil

Enhorabuena

Lo has conseguido!

Esperamos que hayas disfrutado de este libro tanto como nosotros al diseñarlo. Nos esforzamos por crear libros de la máxima calidad posible.
Esta edición está diseñada para proporcionar un aprendizaje inteligente, de calidad y divertido!

¿Te ha gustado este libro?

Una Petición Sencilla

Estos libros existen gracias a las reseñas que se publican.
¿Podrías ayudarnos dejando una reseña ahora?
Aquí tienes un breve enlace a la página de reseñas

BestBooksActivity.com/Opiniones50

¡DESAFÍO FINAL!

Reto n°1

¿Estás listo para tu juego gratis? Los utilizamos siempre, pero no son tan fáciles de encontrar. ¡Aquí están los **Sinónimos!**

Escribe 5 palabras que hayas encontrado en los rompecabezas (#21, #36, #76) y trata de encontrar 2 sinónimos para cada palabra.

Escriba 5 palabras del *Puzzle 21*

Palabras	Sinónimo 1	Sinónimo 2

Escriba 5 palabras del *Puzzle 36*

Palabras	Sinónimo 1	Sinónimo 2

Escriba 5 palabras del *Puzzle 76*

Palabras	Sinónimo 1	Sinónimo 2

Reto n°2

Ahora que te has calentado, escribe 5 palabras que hayas encontrado en los Puzzles 9, 17 y 25 e intenta encontrar 2 antónimos para cada palabra. ¿Cuántos puedes encontrar en 20 minutos?

Escriba 5 palabras del **Puzzle 9**

Palabras	Antónimo 1	Antónimo 2

Escriba 5 palabras del **Puzzle 17**

Palabras	Antónimo 1	Antónimo 2

Escriba 5 palabras del **Puzzle 25**

Palabras	Antónimo 1	Antónimo 2

Reto n°3

¡Genial! Este desafío final no es nada para ti.

¿Preparado para el reto final? Elige 10 palabras que hayas descubierto en los diferentes rompecabezas y escríbelas a continuación.

1.	6.
2.	7.
3.	8.
4.	9.
5.	10.

Ahora escribe un texto pensando en una persona, un animal o un lugar que te guste.

Puedes usar la última página de este libro como borrador.

Tu Composición:

CUADERNO DE NOTAS :

HASTA PRONTO !

Todo el Equipo